O Mercantilismo

Coleção Khronos
Dirigida por J. Guinsburg

Equipe de realização: Tradução: Tereza Cristina Silveira da Mota; Revisão: Paulo de Salles Oliveira; Revisão: Iracema A. Oliveira Produção: Ricardo W. Neves e Sergio Kon.

Pierre Deyon

O Mercantilismo

Título do original francês
Le Mercantilisme

© Flammarion, 1969

Dados Internacionais de Catalogação na Publicação (CIP)
(Câmara Brasileira do Livro, SP, Brasil)

Deyon, Pierre
Mercantilismo / Pierre Deyon ; [tradução Teresa Cristina Silveira da Mota]. – São Paulo : Perspectiva, 2015. – (Khronos ; 1 / dirigida por J. Guinsburg)

Título original: Le mercantilisme
2. reimpr. da 4. ed. de 2001.
Bibliografia.
ISBN 978-85-273-0277-7

1. Mercantilismo I. Título. II. Série.

04-5654   CDD-330.1513

Índices para catálogo sistemático:
1. Mercantilismo : Doutrinas econômicas   330.1513

4ª edição – 2ª reimpressão

Direitos reservados à

EDITORA PERSPECTIVA S.A.

Av. Brigadeiro Luís Antônio, 3025
01401-000   São Paulo SP Brasil
Telefax: (11) 3885-8388
www.editoraperspectiva.com.br

2015

SUMÁRIO

CRONOLOGIA 6
INTRODUÇÃO — À procura de um mito 10
PRIMEIRA PARTE: OS FATOS
   1. Políticas e práticas do mercantilismo 14
   2. As teorias mercantilistas 46

SEGUNDA PARTE: ESTADO DA QUESTÃO E ELEMENTOS DO PROCESSO

   1. Problemas e interpretações 74
DOCUMENTOS E TESTEMUNHOS 90
BIBLIOGRAFIA 114

CRONOLOGIA

Alguns fatos essenciais ou significativos

1492 Cristóvão Colombo descobre as Antilhas.
1502 Cristóvão Colombo desembarca em Honduras.
1503 Organização do comércio hispano-americano (Casa de Contratación em Sevilha).
1505 Os portugueses em Moçambique.
1511 Os portugueses em Málaca e nas Molucas.
1519 Cortés no México. Partida de Magalhães. N. Copérnico: *Discurso sobre a cunhagem das moedas*.
1529 Pizarro no Peru.
1533 Tomada de Cuzco.
1536 Almagro no Chile.
1545 Abertura das minas do Potosí.
1549 Redação do *Compendious or brief examinations of certain ordinary complaints*...
1554 Invenção do amálgama para extrair a prata do minério.
1557 Bancarrotas e crise financeira internacional.
1558 Ortiz dirige ao rei da Espanha sua dissertação: *Para que as moedas não saiam do reino*.
1568 *Response* de Jean Bodin ao *Paradoxe de M. de Malestroit sur le fait des monnaies*.
1572 Revolta dos mendigos nos Países Baixos. Drake ataca a "Carrera" das Índias.
1581 Edito real na França para generalizar o sistema das jurandas.
1587 Drake bloqueia Cádiz.
1588 Davanzati: *Lezione delle Monete*. Botero: *Cause della grandezza e magnificenza della città*. Derrota e dispersão da armada espanhola na Mancha e no Mar do Norte.
1600 Criação da Companhia inglesa das Índias Orientais. Olivier de Serres: *Théâtre d'agriculture*.
1600 a **1610** Redação e edição dos principais tratados e memoriais de B. de Laffemas.

1602	Companhia neerlandesa das Índias Orientais.
1609	Criação do Banco de Amsterdã, e trégua de 12 anos entre a Espanha e as Províncias Unidas.
1613	Serra: *Breve trattato delle cause que fan abondare i regni d'oro e d'argento.*
1615	A. de Montchrétien: *Traité de l'Economie politique.*
1618	Início da Guerra dos Trinta Anos.
1619	Fundação da Batávia.
1620	Os peregrinos do *Mayflower* na América.
1621	Companhia neerlandesa das Índias Ocidentais e reinício da guerra hispano-holandesa. Th. Mun: *A discourse of trade to the East Indies.*
1622	Misselden: *Free trade.*
1624	Os holandeses expulsam os ingleses de Amboine.
1629	Edito de Luís XIII permitindo aos nobres o comércio do mar e o armamento marítimo sem risco de perda da nobreza.
1634	La Gomberdière: *Nouveau règlement général sur toutes sortes de marchandises.*
1635	Fundação de uma Companhia francesa das ilhas da América.
1637	Criação do Colégio das Minas na Suécia.
1638	Fechamento do Japão aos estrangeiros.
1640	Início da Revolução da Inglaterra.
1644	Tarifa protetora francesa concernente aos têxteis.
1646	Eon (em religião o padre Mathias de Saint Jean): *Le Commerce honorable.*
1648	A Fronda. Os tratados de Westfalia.
1651	Primeiro Ato de Navegação na Inglaterra. Criação do Colégio do Comércio na Suécia.
1652	a **1654** Primeira guerra anglo-holandesa. Os neerlandeses arrebatam o Cabo aos portugueses. Derrocada do Império holandês no Brasil.
1653	Fim da Fronda.
1654	Os ingleses na Jamaica.
1659	Tratado dos Pireneus. Taxa francesa de 50 soldos por tonelada sobre os navios estrangeiros.
1660	Segundo Ato de Navegação inglês. Tratado de Oliva e de Copenhague.
1661	Criação do Board of trade and plantations. O

	Banco de Palmstruch emite na Suécia e pela primeira vez na Europa um papel-moeda.
1662	Reforma monetára inglesa. Pierre de La Court: *Van Interest van Holland*.
1664	Nova tarifa francesa. Criação das Companhias francesas das Índias Ocidentais e Orientais. Os ingleses tomam a Nova Amsterdã. Th. Mun: *England's treasure by foreign trade*.
1665	a **1667** Segunda guerra anglo-holandesa.
1665	Os franceses em São Domingos.
1667	a **1668** Guerra de Devolução.
1667	Nova tarifa francesa.
1668	J. Child: *Brief observations concerning trade and interest of money*. J. Becher: *Discours des causes des progrès ou de la décadence des empires, des villes, des républiques*.
1669	Regulamento de Colbert concernente à tecelagem.
1670	Companhia francesa do Levante.
1672	a **1674** Terceira guerra anglo-holandesa; 1672 a 1678 guerra da Holanda.
1673	Edito para o comércio dos negociantes por atacado e por varejo. Edito renovando as decisões de 1581 e 1587 sobre a generalização das jurandas.
1675	J. Savary: *Le parfait négociant*.
1681	Abertura do canal do Midi.
1682	Pedro, o Grande, é proclamado czar. Cavelier de La Salle desce o Mississipi.
1685	Revogação do Edito de Nantes.
1688	Segunda revolução da Inglaterra. Início da guerra da Liga de Augsburgo.
1690	J. Child: *A Discourse about trade*. W. Petty: *A aritmética política*.
1691	D. North: *Discourse upon trade*.
1694	Criação do Banco da Inglaterra.
1695	Boisguilbert: *Le Détail de la France*.
1695	a **1704** Publicações de vários ensaios de C. Davenant.
1699	Tratado comercial franco-holandês.
1700	Luís XIV aceita o testamento de Carlos II.

1702	a **1714** Guerra de Sucessão da Espanha.
1703	Tratado comercial anglo-português de Methuen.
1707	Vauban: *La Dîme royale*. Boisguilbert: *Le Factum de la France*.
1710	Companhia inglesa do mar do Sul.
1712	Boisguilbert: *Traité des grains et Dissertation sur la nature des richesses*.
1713	Tratados de Utrecht. A Espanha concede à Inglaterra o navio de permissão e o privilégio do *asiento* concernente à importação de escravos negros nas colônias espanholas.
1716	Criação do Banco de Law. São Petersburgo, capital de Pedro, o Grande.
1717	Criação da Companhia francesa do Ocidente.
1720	Falência e fuga de Law.
1722	Fundação da Companhia de Ostende nos Países Baixos.
1724	A Bolsa de Paris.
1725	Possochkov: *Le Livre sur la pauvreté et la richesse*.
1729	Colônias inglesas das Carolinas.
1732	Fundação da Geórgia.
1736	Criação do Banco de Copenhague.
1742	Dupleix governador-geral da Índia francesa.
1744	Início da guerra franco-inglesa.
1748	Tratado de Aix-la-Chapelle.
1752	D. Hume: *Discours politiques*.
1754	Chamada de Dupleix e tratado de Godeheu, recuo francês na Índia.
1755	Nova guerra franco-inglesa. R. Cantillon: *Essai sur la nature du commerce en général*.
1758	Quesnay: *Tableau économique*. Véron de Forbonnais: *Recherches et considérations sur les finances de la France*.
1763	Tratado de Paris. Liberdade de exportação dos cereais franceses.
1765	Frederico II cria o Banco de Berlim.
1774	a **1776** Tentativas reformadoras de Turgot.
1776	Declaração de independência dos Estados Unidos da América do Norte. A. Smith: *A Riqueza das Nações*.

INTRODUÇÃO

À procura de um mito

O mercantilismo foi definido e batizado por seus adversários. Como se espantar de que eles não o tenham definido corretamente? Para melhor desacreditá-lo, simularam reter apenas seu aspecto comercial, e conseguiram atribuir ao adjetivo mercantil um matiz pejorativo e odioso. Denunciando no mercantilismo o triunfo dos interesses egoístas dos mercadores, ignoraram que era também um sistema manufatureiro, agrícola, e toda uma concepção do poder estatal. Sua escolha parece tanto mais discutível, quanto os mercadores quase sempre desconfiaram da intervenção do Estado no negócio, e muitos mercantilistas denunciaram seu egoísmo ou sua limitação de espírito. A. Smith e o Marquês de Mirabeau, na verdade, somente falavam de "sistema mercantil". Os historiadores economistas alemães da segunda metade do século XIX acreditaram dar a este "sistema" uma maior dignidade filosófica substantivando e idealizando o adjetivo. Celebraram o *Merkantilismus,* prestando-lhe assim um péssimo serviço. Das grandes palavras em "ismo", espera-se com efeito uma certa coerência, um certo nível de abstração filosófica; ora, o mercantilismo não constitui, nem jamais constituiu, uma doutrina social organizada com sua Bíblia, sua Igreja e seus profetas. Do século XVI ao XVIII, ninguém se declarou mercantilista, e não existe nenhuma profissão de fé que permita classificar por comparação os escritos e as práticas econômicas do tempo. Esta situação introduziu certa confusão na história das teorias econômicas. Não existe definição comum do mercantilismo e de seus caracteres fundamentais. Uns falam do nacionalismo autárquico, outros, do intervencionismo do Estado, outros ainda atribuem uma importância primordial ao bulionismo, isto é, à crença de que a acumulação dos metais preciosos é a única forma de riqueza. Segundo os autores, tais economistas da época clássica, Child ou Cantillon, por exemplo, são classificados ora entre os mercantilistas, ora entre os precursores do liberalismo. Segundo os critérios que cada um escolheu, a escola se enriquece de novos recrutas, ou vê desertar suas fileiras. Onde alguns celebram sua fecunda diversidade, outros assinalam complacentemente as oposições e as reservas suscitadas por seu fetichismo do ouro. O grande livro de E. F. Heckscher, *O Mercantilismo,* publicado em 1931 em sueco, traduzido em 1932 para o alemão, e em 1935 para o inglês, não dissipou todas as incertezas, ao contrário. Heckscher considera o mercantilismo um sistema de idéias, o programa de uma política, mas lhe nega qualquer aptidão para compreender mecanismos econômicos do tempo, e negligencia inteiramente a influência dos fatos econômicos sobre a evolução desta política. A despeito de sua imensa erudição histórica e de sua ciência da economia política, o livro de Heckscher não chegou a estabelecer uma síntese satisfatória entre a história, as teorias e as políticas econômicas. Alguns de seus críticos concluíram daí que o mercantilismo era um sistema imaginário e uma noção inútil ou perigosa e que era desnecessário procurar a unidade de pensamentos muito diversos ou de políticas díspares e circunstanciais.

A própria publicação de nosso livro prova que não cedemos à tentação da hipercrítica. Acolheremos pois, a título de hipótese, uma noção sancionada por um longo uso. Consideraremos provisoriamente o mercantilismo como o conjunto das teorias e das práticas de intervenção econômica que se desenvolveram na Europa moderna desde a metade do século XV. Procurando uma eventual unidade de inspiração e de métodos, estudaremos, com o empirismo que caracteriza freqüentemente o historiador, as doutrinas e as políticas dos Estados europeus do Renascimento até o começo da Revolução Industrial. Sobre as ruínas dos particularismos urbanos e feudais, pesquisaremos se as monarquias nacionais souberam promover novas formas de atividade econômica. Sobre as ruínas dos ideais medievais de universalidade e de pobreza evangélica, pesquisaremos se os homens encontraram no serviço do Príncipe, e esperando o triunfo do individualismo liberal, novas justificações para a sua sede de riqueza. Se a história confirma a legitimidade da "hipótese mercantilista", restar-nos-ão dois problemas a resolver, o das relações do sistema com os fatos, a conjuntura econômica, as realidades sociais, e o de sua influência sobre o advento do capitalismo moderno.

PRIMEIRA PARTE:

OS FATOS

Capítulo I

Políticas e práticas do Mercantilismo

I. Os Antecedentes Medievais

A comuna medieval legou ao Estado moderno uma sólida tradição de intervenção na vida econômica e social. Ela não era indiferente a nenhuma das atividades profissionais e comerciais de seus burgueses, e exercia sobre os estrangeiros uma vigilância sem indulgência.

Os Estados monárquicos dos séculos XV e XVI encontraram, pois, neste tesouro de experiências e de regulamentos, os primeiros elementos de sua política econômica; numa certa medida, o mercantilismo que começa a se afirmar na França e na Inglaterra na segunda metade do século XV estendeu aos limites das jovens monarquias nacionais as preocupações e as práticas das cidades da Idade Média.[1]

A regulamentação destas economias urbanas obedecia a certos imperativos que vamos reencontrar na política econômica das monarquias européias. Os escabinos e os magistrados municipais velavam pelo reabastecimento da cidade em produtos alimentícios e em matérias-primas, base de toda a sua atividade econômica. Procuravam reservar-lhe certo número de fabricações e de negócios combatendo as concorrências dos países de planície e de outras cidades. Enfim, obrigavam os estrangeiros que chegavam à cidade a passar pelos intermediários nativos. Vamos encontrar no quadro de uma política concernente, desta vez, ao conjunto de um Estado, os mesmos cuidados e as mesmas atitudes.

A semelhança é particularmente clara no caso dos principados italianos, surgidos nos séculos XIV e XV em torno de uma cidade. Os Sforza em Milão, os Médicis em Florença, os Bentivoglio em Bolonha protegem as comunidades profissionais urbanas, encorajam e subvencionam os inventores, os empreendedores de vanguarda, citadinos ou estrangeiros. Interessam-se com a mesma solicitude pelos armeiros, pelos bronzistas, pelos vidraceiros, pelos negociantes de tecidos e pelos artistas. O amor da arte, o gosto do prestígio, os cuidados militares ou financeiros, explicam da mesma forma este intervencionismo estatal. Os príncipes de origens burguesas, por vezes mesmo obscuras, conhecem bem a solidariedade do poder e da riqueza, cuidam da prosperidade dos cidadãos que escravizam. Mas os limites de uma cidade e de seu condado, mesmo os de um principado, são bem estreitos, e os principados, freqüentemente muito efêmeros. As grandes monarquias ocidentais beneficiam-se de outras vantagens e outras possibilidades. Desde a metade do século XIII, o Parlamento e a Coroa da Inglaterra tomam medidas favoráveis à indústria lanífera britânica. Em 1258, o Parlamento de Oxford proíbe temporariamente as exportações de lã bruta. No século seguinte, as exportações são autorizadas, mas os direitos de saída para a lã são consideravelmente aumentados. Sem dúvida, preocupações diplomáticas e fiscais também justificam estas disposições; entretanto, o cuidado protecionista é determinante nas decisões de 1455, 1463 e 1464, que proíbem os lanifícios e as fábricas de seda estrangeiros.

Outra antecipação mercantilista: o cuidado de evitar as saídas de numerário e as exportações de ouro e de prata. Já em 1381, o Parlamento solicita a opinião dos peritos neste assunto e, sob sua recomendação, os mercadores estrangeiros são obrigados a reinvestir em compras. No mercado inglês a metade e depois, a totalidade de suas vendas. Em 1419, para evitar a fuga das espécies preciosas, o Parlamento decide que os fornecimentos e o reabastecimento do exército na França proviriam da Inglaterra e que o soldo dos soldados seria pago com o produto das exportações de lã para a Normandia. Medidas temporárias, sem dúvida, mas muito significativas. Os mercadores estrangeiros são as vítimas deste nacionalismo econômico em gestação e, em 1439, depois em 1455, os londrinos pilham as casas e os escritórios dos italianos.

A monarquia Tudor retomou, sistematizou todas estas iniciativas, substituiu as veleidades desordenadas por uma verdadeira política nacional. Com o mesmo arrojo, definiu o programa do absolutismo monárquico e o do mercantilismo. Mas, enquanto o primeiro suscitava dificuldades entre o Parlamento e a Coroa, o programa econômico, de seu lado, beneficiava-se em larga medida das sugestões e do apoio das Comunas, no seio das quais chegavam a exprimir-se os interesses das grandes cidades e dos mercadores. Também, na França, os progressos do poder central após a Guerra dos Cem Anos, e as necessidades financeiras incitam o soberano a intervir com mais regularidade na vida econômica. Por diversas vezes, Luís XI exprimiu sua inquietude a propósido das saídas de ouro e de prata, "donde pode resultar a total ruína e destruição do reino". Para evitar esta hemorragia, concede novos privilégios às feiras de Lyon, tenta controlar as transferências destinadas à corte de Roma. Para diminuir o preço das importações do Levante, concede sua ajuda à Companhia das Galés de França, dando-lhe temporariamente um monopólio de importação das drogas e especiarias do Levante. Encoraja a produção mineira na França, e favorece as manufaturas de tecidos finos ou de sarjas de seda. Introduzindo o trabalho e a tecelagem da seda, procura diminuir as compras de produtos de luxo no estrangeiro, e estabelecer uma balança comercial mais favorável. Este intervencionismo responde ao mesmo tempo aos interesses de alguns grandes mercadores e às necessidades financeiras do soberano, consciente da estreita solidariedade entre o poder monárquico e a prosperidade nacional. Político hábil, Luís XI tomou o cuidado de garantir os conselhos e a aprovação de várias assembléias de notáveis. Criou assim uma tradição, e ao longo de todo o século seguinte, dos Estados Gerais de 1484 aos de 1614, passando pelas assembléias de Blois, de Orleans etc., a monarquia poderá encontrar, nos cadernos do Terceiro e freqüentemente nos cadernos comuns das três Ordens, as mesmas proposições concernentes ao comércio, às manufaturas, ao movimento das espécies, os encorajamentos necessários à marinha, isto é, todas as justificações e os principais artigos de uma grande política mercantilista.

II. Na fascinação dos tesouros americanos. O esboço de um primeiro mercantilismo no Século XVI.

A consciência de uma comunidade de interesse, o projeto de uma política econômica supunham naturalmente um progresso do sentimento nacional e um reforço do Estado. Todas as grandes monarquias européias do século XVI, com maior ou menor felicidade, maior ou menor continuidade, enveredaram por esta via do intervencionismo econômico. Entre os seus conselheiros, seus oficiais de finança, as preocupações relativas à balança comercial, ao desenvolvimento das manufaturas e aos movimentos internacionais das espécies, se tornavam cada vez mais obsedantes. Assim pouco a pouco se constituía, através de apalpadelas e contradições, uma primeira ciência das riquezas que exprime à sua maneira o voluntarismo humanista do Renascimento. O autor inglês dos diálogos, redigidos em meados do século, e publicados em 1581, sob o título *A Compendious or brief examination of certain ordinary complaints*[2], coloca na boca de um de seus personagens recomendações bem significativas: "Acabando com a importação das mercadorias fabricadas no estrangeiro, e que poderiam sê-lo entre nós, restringindo a exportação de nossas lãs, peles e outros produtos no estado bruto, chamando artesãos de fora sob o controle das cidades, fabricando mercadorias suscetíveis de serem exportadas pelo exame destas mercadorias, e pela aposição sobre elas, antes que possam ser vendidas, do selo da cidade, penso que nossas cidades poderiam brevemente reencontrar sua antiga riqueza".

Em *La grande monarchie de France,* Claude de Seyssel declara, em 1515, que o poder do país reside nas suas reservas de ouro e de prata. No seu modo de pensar, o reino deve proibir todas as saídas de espécies, sem medo de represálias, porque, único na Europa graças às suas riquezas naturais, pode abster-se de seus vizinhos. Alguns meses mais tarde, diante do Parlamento de Paris, o chanceler Duprat apresenta as mesmas proposições. Na Espanha, Luis Ortiz, no seu memorial *Para que a moeda não saia do reino,* quer recolocar seu país no trabalho, multiplicar as manufaturas, interditar a exportação das matérias-primas têxteis. Estudaremos adiante o nascimento da teoria econômica, que inspirou e sustentou os esforços dos monarcas, preocupados com o estado de suas finanças e as necessidades dos exércitos e dos diplomatas. Poder-se-iam citar múltiplos testemunhos desta convergência de pensamentos e dos planos dos estadistas, mas não é nossa intenção estudar em detalhes a política econômica de cada soberano do século XVI europeu; vamos tentar sobretudo destacar os caracteres comuns.

É aos movimentos monetários que os governos dedicaram, talvez, maior atenção. Em toda parte quer-se acabar com as saídas de numerário. Na França, declarações reais renovam esta proibição em 1506, 1540, 1548 e 1574. Na Inglaterra vai-se mais longe e, para eliminar os fraudadores e todos os tráficos clandestinos sobre as letras de câmbio, tenta-se por duas vezes, em 1546 e em 1576, submeter todo o negócio dos câmbios ao controle de agentes do governo, é um fracasso. Fracasso também de todas as disposições concernentes ao transporte do numerário ao estrangeiro. Como vigiar as fronteiras, os portos, quando o governo dispunha de tão poucos agentes e de meios tão lentos de transmissão; como não admitir, enfim, os argumentos dos mercadores, que invocam a necessidade de certas importações indispensáveis aos fabricantes franceses ou anteriores a certas reexportações. O caráter elementar da teoria da balança comercial condenava as veleidades governamentais à impotência. Para se convencer da ineficácia total de todos estes regulamentos, basta evocar o caso da Espanha de onde teoricamente não podiam sair, o ouro e a prata, entretanto, suas pistolas de ouro e seus reais de prata circulavam em toda a Europa Ocidental.[3]

Era mais fácil suscitar novas produções e conceder-lhes privilégios contra os concorrentes estrangeiros. Assim, na Inglaterra, na França, a Coroa concede subvenções aos manufatureiros que inauguram fabricações. A Rainha Elizabeth distribui generosamente monopólios temporários a todos aqueles que introduzem novas atividades na ilha: as indústrias de alume, de salitre, de sabão, de espelhos e de faiança, a fabricação de canhões ou a refinação do açúcar de cana. Foi talvez na França que esta intervenção direta do poder monárquico se fez mais multiforme e mais sistemática, anunciando já a prática das manufaturas reais da época de Henrique IV ou de Luís XIV. Francisco I criou, em Fontainebleau, uma manufatura real de tapeçaria. Henrique II confia a um bolonhês, com um monopólio de 10 anos, a fabricação de espelhos à veneziana, e Catarina de Médicis continua a proteger as fábricas de seda de Orléans e de Tours. São, é claro, criações frágeis, muitas vezes efêmeras, porque dependem demais do apoio de um tesouro real quase sempre vazio. Mas, ao lado das subvenções em numerário, os soberanos dispõem agora de todo um arsenal de medidas proibicionistas e de taxações para colocar as fabricações nacionais ao abrigo da competição estrangeira. Carlos V defende severamente a exportação do linho, do cânhamo e submete os lanifícios estrangeiros a regulamentos e controles minuciosos. Cosme de Médicis interdita a entrada dos tecidos estrangeiros em Florença e a exportação das sedas brutas. Na França, as restrições impostas à livre importação compreendiam primeiramente os produtos de luxo, tecidos de ouro e de prata, cetins e damascos. Depois, em 1538, a pedido dos Estados de Languedoc, Francisco I proibiu a entrada de tecidos da Catalunha e de Castela. Nos Estados Gerais de 1576, o Terceiro pede a exclusão de todos os manufaturados estrangeiros. Em 1581, pela primeira vez uma tarifa geral de entrada é imposta a todas as fronteiras, e a assembléia dos Notáveis de 1583 reiterou os pedidos da assembléia de 1576. Há uma última característica da intervenção estatal na economia do século XVI que merece atenção. No seu livro clássico, E. Heckscher insistiu sobre este caráter unificador do mercantidismo *(ein einheitsbildendes System)*. É válido para a Espanha de Filipe II, para a França de Henrique III, onde o edito de 1581 tenta impor uma organização uniforme das comunidades de ofício. É válido para a Inglaterra, onde o estatuto dos artesãos regulamenta, em 1563, a aprendizagem e o processo de fixação dos salários, enquanto que as Poor Laws estabelecem um sistema uniforme de assistência. Em toda a Europa Ocidental, os príncipes se esforçam, com um sucesso desigual, por facilitar as relações no interior de seus Estados, por reduzir as portagens e os *tonlieux**, por organizar correios.

Entretanto, não será preciso pecar por anacronismo e exagerar o caráter moderno da administração real no século XVI. Os entraves à livre circulação dos homens e das mercadorias continuam inumeráveis em cada Estado. As taxas recolhidas nas fronteiras sobre as mercadorias estrangeiras conservam ainda muitas vezes o caráter de simples direitos fiscais e nem sempre é fácil saber se a fixação das tarifas corresponde a considerações financeiras ou protecionistas. Para numerosas mercadorias, inclusive os manufaturados, a tatifa francesa, no começo do século XVII permanece mais elevada na saída do que na entrada, o medo da fome, da interrupção do aprovisionamento, ou da carestia, justificam sem dúvida este paradoxo. Pelos mesmos motivos, o rei da Espanha interdita, de 1552 a 1559, a exportação dos tecidos espanhóis, esperando assim frear a alta dos preços castelhanos!

Em nenhuma parte as idéias e as "receitas" constituem uma doutrina coerente. Os maiores espíritos do século hesitam entre a teoria quantitativista da moeda e a da balança comercial. No período da alta européia dos preços, o protecionismo manufatureiro e o bulionismo não se arriscam a acelerar a inflação, ninguém é capaz de perceber claramente o problema e de resolver a aparente contradição. A irregularidade das colheitas, a insegurança, a lentidão das relações marítimas e terrestres mantém a obsessão medieval da penúria. Os teóricos do interesse nacional, os apologistas do aproveitamento colonial e marítimo permanecem embaraçados pelos argumentos dos teólogos sobre a usura, o justo preço e o direito das gentes, e por toda parte as querelas religiosas obscurecem o sentido da *Real Politik*. Em nenhum lugar, o Estado é bastante poderoso, o aparelho do governo bastante bem organizado na base como cimo, as finanças bastante sãs para dar à intervenção principesca a indispensável continuidade. Não passam ainda de medidas circunstanciais, empresas temporárias, mas sua convergência, sua inspiração dominante cria pouco a pouco uma tradição, destaca progressivamente os elementos de um plano de conjunto e anuncia os grandes projetos econômicos da Europa clássica.

III. O mercantilismo no Século XVII. O exemplo Francês

Na verdade, únicos entre todos os Estados europeus, a França e a Inglaterra foram capazes de conduzir no século XVII uma política econômica coerente e de relativa eficácia, sem dúvida, a Espanha era muito fraca politicamente, demasiado embaraçada por seu império e suas possessões européias, a Itália e o Santo Império muito divididos e muito devastados pela guerra, a Suécia muito ligada à economia das Províncias Unidas, que no mesmo momento seguiam com felicidade um caminho original.

Várias circunstâncias contribuíram para o florescimento do mercantilismo na França dos Bourbons e na Inglaterra de Elizabeth a Guilherme III.

A aspereza das competições internacionais em que se viram envolvidos os dois países excitou seu jovem nacionalismo econômico. O prêmio era, primeiramente, a exploração das riquezas do Império espanhol, que o débil poder do soberano de Madri e a apatia de seus súditos não mais conseguiam animar; era ainda o monopólio das reexportações das drogas e das especiarias orientais, o mercado dos manufaturados têxteis, o benefício da navegação do Báltico ao Mediterrâneo. A Inglaterra, com método, após a ter assestado seus golpes contra a "Carrera" das Índias e suas feitorias americanas, voltou-se sucessivamente contra a República neerlandesa, na qual se lhe opuseram três guerras marítimas, depois contra a França de Luís XIV. A França também se inquietava com o tráfico e a prosperidade dos holandeses. O papel que os mercadores das Províncias Unidas representavam em nossos portos e em nossas regiões atlânticas, parecia escandaloso a Colbert, e a guerra de 1672 não foi, a seu ver, mais que o coroamento de toda uma perseverante contra-ofensiva industrial e comercial. O episódio decisivo destas rivalidades se desenvolveu de 1701 a 1713, quando as duas potências marítimas aliavam-se para insurgir-se contra as pretensões francesas de acolher, de um golpe e por sucessão dinástica, a herança de Carlos II da Espanha. Todas estas lutas apresentaram, ao lado de seus aspectos militares, aspectos tarifários e comerciais. Os esforços financeiros impostos aos dois Estados, francês e inglês justificaram ainda mais a intervenção do governo no domínio das atividades econômicas, e o serviço do egoísmo nacional.

A modernização do aparelho de Estado contribuiu igualmente para os progressos da prática mercantilista. Na Inglaterra, o desenvolvimento do serviço das aduanas permitiu estabelecer uma contabilidade mais exata das trocas internacionais, enquanto que o controle parlamentar fornecia aos interesses do negócio os meios de se fazer entender mais claramente. Da mesma maneira na França, a reforma tarifária de 1664, nas fronteiras do território das cinco grandes herdades, autoriza uma visão mais clara da balança comercial, e os escritórios que se constituem pouco a pouco sob a autoridade do Controlador-geral, podem seguir melhor as flutuações das trocas. Também os progressos da reflexão teórica guiam mais seguramente os administradores e os ministros. As obras de Mun, Child, Davenant e Petty assinalam os primeiros passos da economia política; na França, Laffemas, Montchrétien, o próprio Richelieu, inspiram Colbert diretamente. Uma certa laicização do pensamento político sob a influência do maquiavelismo e dos princípios da razão de Estado justifica a ciência e a prática das riquezas. Aos olhos de Colbert, os monges são quase suspeitos ociosos, e os escrúpulos dos teólogos no que concerne ao empréstimo a juros entravam inutilmente o comércio.

As circunstâncias conjunturais constituem um último elemento favorável, trazem uma justificação suplementar às teses mercantilistas. A baixa prolongada dos preços ouro e prata, sobretudo depois de 1630, mantém uma espécie de angústia monetária. Em toda parte, na Europa Ocidental, faltam as espécies de ouro e de prata. Suas trocas são embaraçadas, as crises periódicas se tornam mais temíveis, e os tesouros públicos sofrem com isto, no mesmo momento em que as necessidades dos exércitos e das frotas exigem quantidades crescentes de ouro e de prata, nervos da guerra. O enfraquecimento da produção das minas americanas, o entesouramento universal sob a forma de jóias e de baixelas, o desequilíbrio das balanças com o Levante e o Extremo Oriente, explicam, sem dúvida, esta penúria. Mas a Inglaterra e a França não podem acomodar-se a isto. Suspeitam que as Províncias Unidas açambarcam uma parte crescente do estoque europeu. Os financistas e os ministros são constrangidos a se interessar pelo equilíbrio das trocas comerciais, que condiciona a prosperidade e a circulação das espécies, intermediário indispensável do imposto antecipado. Tampouco não podem ignorar o longo recesso que afeta muitos negócios e manufaturas em meados do século. O desemprego e a miséria mantêm e multiplicam os riscos de sedições populares. Ontem como hoje, a crise econômica por razões políticas e sociais provoca a intervenção do Estado, e o esforço de Colbert é um plano de reconstrução, de restabelecimento nacional, tanto quanto um serviço do Rei.

Colbert colocou na exposição de suas idéias uma clareza, uma força de convicção e na realização de seus projetos uma energia que teriam merecido um melhor sucesso. Mas pouco inovou. Foi Barthélemy de Laffemas quem primeiro, logo em seguida ao desastre nacional que foram as guerras de religião, se fez apologista do trabalho criador e adversário desta letargia econômica que ameaça a França. Em uma dúzia de panfletos, expõe as idéias adotadas em parte pela Comissão do Comércio, criada em 1601 por Henrique IV. Inspirou igualmente as medidas tomadas pelo soberano e seu Conselho em favor das manufaturas de tapeçarias, de tecidos de seda, e a tentativa abortada de criar, em 1604, uma grande Companhia Francesa das Índias Orientais. Por intermédio de seu filho Isaac, autor de uma *Historie du commerce de France,* e pelos escritos de Montchrétien, La Gomberdière e outros, suas idéias acabaram por chegar ao domínio público onde a assembléia dos Notáveis de 1627, o próprio Richelieu, depois Colbert, não tiveram senão que apanhá-las.

Encontra-se muitas vezes nos escritos de Richelieu a idéia banal de que a prata é o nervo da guerra; obsidiado pelo poderio da Espanha, ele ambiciona os metais preciosos que as frotas da América trazem todo ano a Sevilha. Para desviar em direção ao reino uma parte deste pactolo, imagina com os seus Conselheiros o plano de vasta empresa comercial e colonial. Grão-mestre do almirantado, governador da Bretagne, consagra perseverantes esforços ao renascimento da marinha e dos portos, encoraja as tentativas de constituir na França grandes companhias de navegação: Companhia do Morbihan, Companhia da Nova França, Companhia do Escaler de Saint-Pierre Flor-de-lis, etc.[4] A diplomacia, a guerra, as revoltas interiores, a doença e a morte impediram-no de prosseguir na execução de seus projetos, mas a importância que concede a estas questões econômicas no seu Testamento político, e os diversos papéis que constituem suas Memórias traduzem bem suas intenções e o sentido da missão que deixava a seus sucessores. Colbert não teve pois o mérito da invenção, mas ninguém lhe contesta o da continuidade e perseverança na execução, ao longo dos 22 anos de seu ministério; fatigado, não era senhor nem da conjuntura, nem da bolsa de seu rei. Por muitas vezes, Colbert formulou na sua correspondência os princípios do mais estrito mercantilismo. "Concordar-se-á facilmente escreveu em 1664, em que somente a abundância da prata num Estado é que faz a diferença de sua grandeza e de seu poderio"; alguns anos mais tarde, precisa: "Há somente uma mesma quantidade de prata que circula em toda a Europa... não se pode aumentar a prata no reino, sem que ao mesmo tempo se retire a mesma quantidade nos Estados vizinhos". Pode-se ler ainda no seu memorial de 1670 sobre as finanças: "É preciso aumentar a prata no comércio público atraindo-a dos países de onde provém, conservando-a dentro do reino, impedindo que ela saia e dando aos homens meios para aproveitá-la... somente o comércio e tudo o que dele depende pode produzir este grande efeito"[5]. Assim, a prosperidade de um Estado não poderia ser edificada senão a expensas de seus vizinhos; a esta "guerra de prata" Colbert concitava a França e incitava seu soberano. É talvez o aspecto mais curioso do colbertismo este pessimismo econômico, que se recusa a crer na possibilidade de um progresso de conjunto, e esta concepção estática do comércio mundial[6]. Vamos encontrar este mesmo pessimismo na desconfiança meticulosa de muitos textos regulamentares e nos ditos do ministro que atribuem à fraude e à má qualidade de fabricações e decepções comerciais francesas no estrangeiro. Para melhor conduzir esta guerra de prata, Colbert procedeu a uma nova disposição das tarifas aduaneiras: é preciso, diz ele, "isentar as entradas das mercadorias, que servem às manufaturas do reino, taxar aquelas que permanecem manufaturadas, isentar inteiramente as mercadorias de fora que, tendo pago a entrada, saem, e aliviar os direitos de saída das mercadorias manufaturadas dentro do reino". Mas a arma essencial desta competição internacional é o desenvolvimento da marinha, a multiplicação das manufaturas e das companhias de comércio, às quais Colbert devota cuidados atentos. A este respeito ele segue a obra esboçada por Laffemas, Richelieu e Fouquet. Exerce vigilância sobre a cobrança da taxa de 50 soldos por tonelada, sobre os navios estrangeiros que freqüentam os portos franceses. Já em 1664, concede subvenções à construção marítima e as réplicas francesas dos Atos de Navegação britânicos lhe permitem elevar, no fim da vida, as marinhas de guerra e de comércio a um nível até então inigualado. Não há um único setor da produção manufatureira, um único negócio remoto que escape à sua intervenção. Arsenais, fundições de canhões, manufaturas de renda, de malharia, de meias de lã e de seda, tecidos de luxo ou tecidos finos, Companhia das Índias Orientais, Companhia das Índias Ocidentais, Companhia do Norte, Companhia do Levante gozam alternadamente de sua exigente proteção. Solicita ou exige os concursos, organiza, subvenciona, vigia e se inquieta. Mais de 150 regulamentos de fábrica procuram fazer da produção francesa uma produção de qualidade sem igual na Europa. Especificam a proporção das tintas, a largura dos tecidos, o número de fios na malha, os utensílios e os trabalhos de todos os corpos de ofício. Sob o controle dos intendentes, um novo corpo de inspetores das manufaturas é encarregado de controlar as fabricações e de constatar as contravenções.

À falta de informações estatísticas, muitas vezes é difícil apreciar a eficácia destas empresas e a incerteza mantém ainda os debates entre os historiadores. Muitas manufaturas, muitas companhias desapareceram mesmo antes da morte do ministro, e a distância entre as ambições e os resultados é grande. A amargura marca freqüentemente a correspondência de Colbert nos últimos anos de sua vida. Muitos obstáculos se opuseram às suas empresas: a relutância dos mercadores em participar de companhias semipúblicas, seu gosto excessivo pelos investimentos nos negócios da finança, os ofícios ou a terra, a insuficiência do sistema de crédito na França, a indigência do campesinato e a ausência de um amplo mercado interno, a deflação internacional das atividades e dos preços. O trágico na existência de Colbert nasce tanto dos caprichos caros de Luís XIV, como de uma conjuntura desfavorável e da abstenção parcial da burguesia francesa. Entretanto, decerto o balanço não é totalmente negativo. Subsistem, à sua morte, uma marinha reconstituída, uma legislação comercial menos arcaica, uma tecelagem novamente próspera, e uma manufatura de telas de linho e de cânhamo que se tornou a primeira da Europa. As companhias coloniais decaíram, mas as Antilhas e o Canadá receberam novos colonos, e todos os portos do Atlântico entraram em nova atividade.

A personalidade e a obra de Colbert suscitaram, durante sua vida, e após a sua morte, violentas oposições e ásperas polêmicas. Alvo de muitos panfletos clandestinos, foi, logo em seguida à sua morte, publicamente criticado, depois denunciado pelos fisiocratas e pelos economistas liberais. Precisou esperar quase dois séculos a sua reabilitação. List, em seu *Système d'économie nationale,* celebra-o como um precursor. E. Lavisse exalta seu espírito filosófico e vê na sua obra a primeira manifestação do despotismo esclarecido; P. Boissonnade identifica o colbertismo e o socialismo de Estado; e R. Gonnard, em sua *Histoire des doctrines économiques,* proclama o "gênio" de Colbert. Rejeitando a lenda dourada tanto quanto a lenda negra, os historiadores atuais procuram, sobretudo, explicar as características e os limites da sua obra, em função das instituições e das idéias de seu tempo, Boisguilbert e os economistas franceses do século XVIII censuraram a Colbert o fato de ter negligenciado a agricultura, fonte de toda riqueza, até mesmo de tê-la sacrificado em proveito das manufaturas. Colbert teria sustentado uma política de pão barato para baixar preços de custo na França. Nada é mais inexato; a baixa excepcional dos preços agrícolas na França, de 1662 a 1687, corresponde a um movimento internacional, sensível em todos os mercados da Europa Ocidental. A verdade é que Colbert não soube ou não pôde desembaraçar-se das tradições regulamentares em matéria de circulação e de negócio dos cereais, enquanto que à mesma época, na Inglaterra, as *corn laws* permitiam, alternadamente, prover o mercado nacional, e depois vender com vantagem os excessos da produção. Colbert pensou que o desenvolvimento das manufaturas rurais remediaria o pauperismo dos campos. Salvo algumas medidas circunstanciais em favor dos camponeses, abaixamento temporário das talhas, proteção ao gado, a França de Luís XIV não tem política agrícola.

Não menos fundamentadas que as críticas formuladas pelos representantes dos interesses agrários, parecem-nos as reticências de alguns negociantes com relação ao colbertismo. Ao lado dos mercadores xenófobos que reclamam e aprovam o protecionismo aduaneiro, existem incontestavelmente, na França do século XVII, homens de negócio que conhecem a solidariedade complexa das trocas internacionais e temem as represálias estrangeiras. Os Seis grandes corpos dos mercadores de Paris já haviam pleiteado a liberdade do comércio e o abaixamento das tarifas instituídas em 1654. Mais fortemente ainda um panfleto anônimo de 1688 declara: "O Senhor Colbert não se aparcebe de que, pretendendo colocar os franceses em condições de se absterem de outros povos, os conduz a fazer a mesma coisa de seu lado". O mesmo apego à liberdade de comércio suscita a desconfiança em relação às companhias de navegação e de colonização de caráter semi-público, ou em relação à regulamentação minuciosa das fabricações. Censurou-se a Colbert esta "mania de regulamentação". Útil onde ela presidia a introdução de uma técnica nova, atrapalhou muitas vezes a adaptação das manufaturas têxteis francesas às flutuações da moda e da demanda estrangeira. Ele não compreendeu bem o caráter multilateral das trocas, não acreditou tampouco nas leis do mercado, seu pensamento continua o de um administrador minucioso, e não de um economista. Seu apego aos sistemas das jurandas, cuja instituição tenta generalizar em 1673, revela bem o caráter tradicionalista de seu pensamento. Multiplica os controles de fabricação, reforça a pequena oficina rotineira, no momento em que a Inglaterra pós-revolucionária se liberta, no essencial, dos vestígios do sistema medieval de organização de trabalho. Para ele, como para os juristas que o cercam e assistem, a organização corporativa parece algo de instituição natural ou divina. As manufaturas privilegiadas não passam, em seu espírito, de expedientes temporários. O regime normal de organização do trabalho deve ser o das jurandas e o edito de março de 1673 tenta generalizar a instituição em todo o reino.

Em matéria de política monetária, o mesmo tradicionalismo lhe inspira, a 7 de dezembro de 1665, uma reavaliação mais feliz da livre circulação, que constitui uma verdadeira deflação em plena crise econômica, e que teve de revogar no ano seguinte, diante dos protestos dos mercadores e dos banqueiros. Mais grave é sua incompreensão, e deve-se dizê-lo, de muitos de seus compatriotas, diante das reformas monetárias inglesas de 1662, que introduzem, como nas Províncias Unidas, maior liberdade da circulação das espécies e dos lingotes. À luz destas comparações, os limites do colbertismo refletem com evidência o atraso do pensamento econômico e das instituições sociais na França em relação ao seu vizinho anglo-saxão. Colbert, um gênio ou um medíocre nocivo? Nem um, nem outro, mas um homem de seu tempo e de seu país, um ministro desta poderosa monarquia administrativa, cuja grandeza não podia conformar-se com a decadência comercial e industrial. Num momento e num país onde tudo conspirava para desviar os filhos da burguesia das atividades econômicas — os preconceitos nobiliários ou paranobiliários, o esnobismo da ociosidade, a suspeita da Reforma católica em relação às modernas formas do crédito e das técnicas comerciais, o prestígio da carreira dos ofícios, enfim, a conjuntura desfavorável, contra uma tal coalizão de interesses, de hábitos e de dificuldades econômicas — ele tentou dar ao país o sentido do labor, da eficácia e da empresa. Não foi culpa sua, se algumas de suas proposições não foram retidas, se a oposição da Faculdade de Teologia e da Sorbonne impediram o estabelecimento nas principais cidades do reino destes "negociantes de empréstimo" que distribuiriam o crédito comercial. Não foi culpa sua, se o rei, finalmente, sacrificou a vocação marítima do reino, e escolheu a "glória", a guerra continental e a intransigência romana.

IV. O "Sistema Mercantil" na Inglaterra

Na Inglaterra, mais ainda que na França, o mercantilismo é uma criação contínua, empírica e nacional. Já evocamos certas decisões do século XIII, concernentes à proteção da indústria lanífera. Do mesmo modo, nos séculos XIV e XV, já esboçando o sistema dos Atos de Navegação, a Coroa opôs obstáculos à livre circulação e ao livre tráfico dos navios estrangeiros nos portos britânicos. Como na França, foi entre 1580 e o fim do século XVII que o mercantilismo se impôs com maior força e coerência. As ameaças exteriores contribuíram para o seu sucesso, e por duas vezes apareceu como um elemento essencial da defesa nacional. As lutas que os marinheiros e os corsários de Elizabeth mantinham contra as frotas e as colônias de Filipe II eram ao mesmo tempo uma empresa religiosa, nacional e mercantil e um século mais tarde, a ofensiva comercial contra a França de Luís XIV se inscrevia, igualmente, num plano mais geral de defesa protestante. Esta coincidência deu ao programa mercantilista o apoio de grande parte da opinião britânica. O caráter sistemático da intervenção estatal no século XVII se explica também pela necessidade de fazer face à grande depressão econômica, cujos primeiros sinais se manifestam na Inglaterra em 1620. Apreensivo com a gravidade desta crise, o conselho privado se associa em 1622 a uma comissão de peritos, de mercadores e de banqueiros, para discutir as causas dos prejuízos das vendas têxteis. Suas conclusões e suas proposições constituem um resumo de todas as práticas mercantilistas[7]. As grandes companhias comerciais, de seu lado, prepararam e favoreceram a adoção dos Atos de Navegação[8]. É, talvez, a característica mais original da política econômica inglesa, graças à existência do Parlamento, ela é freqüentemente ajustada e ratificada. Não mais sob os Stuarts que sob o Protetorado, o Estado não está às ordens dos mercadores, mas consulta, inspira-se antes de decidir ou de arbitrar. Em matéria econômica, como em matéria política, a situação da Inglaterra parece intermediária entre a das Províncias Unidas e a da França: as Províncias Unidas onde a impotência do poder federal freqüentemente deixa livre curso aos interesses particulares, até mesmo antinacionais, e a França onde o zelo de um ministro, suprindo mal o enfraquecimento dos corpos intermediários, a intervenção do Estado assume um caráter autoritário ou repressivo. O mercantilismo inglês se beneficia da precocidade das instituições políticas e sociais, da qualidade da informação e da reflexão teórica no país, evolui, se adapta, se aperfeiçoa, e ajuda a Inglaterra a assumir, na Europa, uma verdadeira supremacia marítima e comercial e, talvez, já a supremacia industrial.

Como em todos os outros países da Europa, o mercantilismo adquiriu na Inglaterra três formas essenciais: proteção, da moeda e dos estoques de metais preciosos, proteção da produção, encorajamentos e favores à marinha e ao comércio nacional.

Na Idade Média, a exportação das espécies fora, na Inglaterra, como aliás em quase toda parte, regularmente proibida. Por diversas vezes o governo de Elizabeth, depois o de Jaime I, tentaram restabelecer estas antigas disposições, mas estes projetos logo foram abandonados, e um sistema de licenças permitiu eludir as estipulações muito rigorosas de certos textos. Mercadores, economistas e políticos progressivamente tomaram consciência, ao longo do século, do caráter ilusório ou nefasto destas regulamentações. Sabiam que a pretensão do comércio no Báltico e nas Indias Orientais exigia saídas de prata, e que o saldo global dos movimentos de metais preciosos dependia da atividade econômica geral do reino e do equilíbrio de seu comércio. O fracasso das tentativas para controlar e estabilizar arbitrariamente o mercado das trocas acabou por provar que os movimentos comerciais determinavam, ao mesmo tempo, as flutuações das circulações e o movimento das espécies. Th. Mun fez o balanço destas experiências no livro *England's Treasure by foreign Trade,* publicado em 1664, onde dava uma formulação clássica da teoria da balança comercial e levava em conta as exportações e as importações invisíveis: "O meio ordinário de aumentar nossa riqueza e nossas espécies é o comércio exterior, para o qual é preciso sempre observar esta regra, vender mais aos estrangeiros do que lhes compramos para nosso consumo". Nesta data, aliás, a Inglaterra já se havia desembaraçado do essencial das velhas regulamentações bulionistas. Inspirando-se nos exemplos de Veneza e Holanda, um ato de 1663 autorizou a exportação de moedas estrangeiras e de material de ouro e de prata. Reforma importante, que contribuiria para a estabilidade da libra esterlina, permitiria certas adaptações automáticas dos preços e das trocas, já testemunhava a prosperidade do comércio britânico e preparava seus progressos ulteriores. A tarefa do governo não era mais regulamentar o movimento das espécies, mas orientar e dirigir as correntes do comércio para garantir um saldo positivo.

Esta teoria da balança comercial ditava os outros aspectos da política mercantilista. Para assegurar, na medida do possível, sua própria subsistência, o reino devia desenvolver certas produções, reservar à sua marinha e a seus mercadores o controle de suas trocas exteriores, encorajar certos tráficos pela diminuição das taxas aduaneiras, desencorajar outros com tarifas proibitivas.

O protecionismo inglês no século XVII é ao mesmo tempo industrial e agrícola. Os dois primeiros Stuarts têm uma idéia muito alta das responsabilidades econômicas e sociais da monarquia, distribuem os privilégios e os monopólios, multiplicam os regulamentos e confiam a um enxame de oficiais o controle das fabricações. A indústria têxtil, a mais importante das atividades exportadoras do país, goza da atenção particular da Coroa e do Parlamento. No fim do reinado de Jaime I, as exportações de lã são definitivamente interditadas, o que, reserva feita ao contrabando, dá aos tecelões ingleses o monopólio de uma matéria-prima excelente e barata. Isto não basta para fazer frente às dificuldades nascidas da crise de meados do século; elevam-se as taxas aduaneiras no tocante aos tecidos franceses e holandeses, esforçam-se mesmo para impor o porte dos tecidos de lã de fabricação nacional. Para as roupas de luto, para as mortalhas, os atos do Parlamento estipulam o uso obrigatório dos tecidos de lã. Depois, como os tecidos de algodão das Índias concorressem com os tecidos finos, o governo interditou em 1700 as sedas e os tecidos de algodão orientais; vai mesmo mais longe em 1721 e proscreve o uso dos tecidos orientais importados crus e tingidos na Inglaterra. Um pouco antes, o governo francês havia tomado medidas idênticas, prolongando também por um século a atividade das pequenas manufaturas de tecidos e sedas.

Idêntica no domínio industrial, a política dos dois reinos difere radicalmente no setor agrícola. Sua situação marítima ajudou a Inglaterra a se libertar, um século antes da França, do medo obsessivo da penúria e da fome. Ousando favorecer a exportação dos cereais e limitando as importações, soube encorajar sua agricultura e manter seus progressos. Já nos séculos XV e XVI fora estabelecido o princípio da liberdade de exportação quando os preços internos do trigo não excedessem um certo nível. Após a Restauração, um ato de 1670 suprimiu todas as condições e todas as restrições. Melhor ainda, em 1674, foram concedidas subvenções aos exportadores para evitar em período de abundância a derrocada dos cursos. Na mesma época, o Parlamento instituiu, em 1663 e 1670, uma escala móvel dos direitos à importação: taxas aduaneiras elevadas quando os preços do trigo permaneciam baixos, e tarifas menos severas quando estes preços se elevavam. Graças a este sistema, os produtores ingleses gozaram durante quase um século de uma proteção quase completa. Menos oprimidos pelo sistema fiscal que os camponeses franceses, foram ainda melhor protegidos contra a grande depressão dos preços dos cereais. Conservaram um nível de vida mais decente, e a capacidade de absorção do mercado interior, fonte de todo desenvolvimento ulterior, foi assim salvaguardada.

O terceiro elemento essencial do sistema mercantilista inglês no século XVII é constituído pelos Atos de Navegação. Como a agricultura e as manufaturas, a marinha nacional goza de um regime altamente protecionista. Neste setor também o Estado mercantilista tenta sozinho assegurar sua subsistência e seus serviços. A marinha e o comércio holandês, concorrentes temidos, é que são visados pelos Atos de Navegação. As decisões de 1651 e 1660 codificam e sistematizam uma política marítima, já esboçada por medidas parciais tomadas nos reinados de Elizabeth e dos dois primeiros Stuarts. Segundo o texto de 1651, as mercadorias européias não podiam ser transportadas para a Inglaterra, a não ser em navios ingleses ou em navios do país de origem; do mesmo modo os produtos da Ásia, da América ou da África não podiam ser importados senão pela marinha britânica ou colonial. Em 1660, para evitar certas fraudes especificou-se que a equipagem de um navio britânico deveria ser comandada por um capitão inglês, e composta por três quartos de súditos britânicos. Durante os primeiros anos da Restauração, outras disposições completaram a constituição do sistema, reservando à metrópole o essencial do comércio colonial. O regime da exclusividade contribuiu também para a prosperidade da marinha britânica.

Este protecionismo rigoroso suscitou, naturalmente, a hostilidade dos países vizinhos. Os Atos de Navegação contribuíram para o desencadeamento das três guerras marítimas anglo-holandesas, e o conflito tarifário com a França resultou progressivamente num regime de quase-proibição. No decurso das negociações, que resultaram na paz de Utrecht, foi feita uma tentativa para pôr fim a esta situação, e foi negociado um tratado comercial entre os dois países.

Este projeto provocou na Inglaterra uma polêmica interessante; com efeito, neste país, como na França, começava-se a se interrogar sobre a legitimidade das tarifas proibicionistas. Economistas como Coke, Child, Davenant se esforçaram por apontar-lhes os perigos: riscos de represálias e de guerra, desaparecimento da competição estimulante, ruptura dos equilíbrios multilaterais do comércio internacional. Seus argumentos retomados em 1713 pelos tóris e De Foe não foram, entretanto, entendidos. O pensamento teórico se antecipava aos costumes, até mesmo aos fatos, e o tratado não foi ratificado pelas Comunas. Provavelmente, os benefícios que a Inglaterra soubera tirar da organização egoísta da sua economia nacional eram demasiado evidentes para autorizar, já no início do século XVIII, uma modificação qualquer do sistema mercantil. Liberta, no essencial, das antigas regulamentações corporativas, da proibição do empréstimo a juros e dos particularismos urbanos e regionais, a economia inglesa afirmava, numa conjuntura européia, embora bem difícil, seu dinamismo. Manufaturas bem protegidas, mas livres de toda regulamentação autoritária das fabricações e das técnicas, uma marinha poderosa, uma agricultura próspera e lucrativa, instituições parlamentares e políticas favorecendo a consulta e o confronto dos interesses, a Inglaterra estava pronta para a grande aventura industrial. As duas revoluções políticas que ela atravessara no século XVII tinham liquidado as confrarias, as guildas, os privilégios, muitos vestígios, obstáculos e preconceitos herdados do passado, e contribuíram para fazer do mercantilismo um meio muito eficaz de poder e de progresso nacional.

O exemplo da Suécia, como o da França e da Inglaterra, poderia ilustrar as histórias paralelas do mercantilismo e do absolutismo. Monarquia nacional e por um momento grande potência européia, a Suécia da rainha Cristina e de Carlos XI procurou desenvolver suas exportações e sua marinha. Tentou mesmo, às margens do Delaware, a empresa colonial. Seus soberanos concederam privilégios às manufaturas laníferas de Estocolmo e Norrköping, às companhias de alcatrão e de sal. Para intensificar a produção e as trocas, criaram em 1637 o Colégio das Minas e em 1651 o do Comércio. Estabeleceram nas fronteiras direitos de aduana, protetores enquanto a frota sueca desempenhava importante papel comercial no Báltico e contava em 1690 com mais de 750 navios. O excedente da balança comercial, que os ministros festejavam, escondia entretanto uma fraqueza. Muitas exportações eram destinadas a reembolsar os capitais holandeses que controlavam em parte a metalurgia do ferro e do cobre, as fabricações de armas, e queriam redistribuir seus produtos no mercado de Amsterdã. Para garantir a autonomia do seu desenvolvimento, a Suécia teve de retirar às sociedades de participação holandesa os monopólios que elas haviam conseguido em certos setores da produção e do comércio, teve sobretudo de renunciar definitivamente, após as empresas quiméricas de Carlos XI, às ambições européias e à guerra. No momento em que este país começa a explorar a Escânia, restabelece seu equilíbrio agrário limitando as propriedades dos nobres pela grande "Redução", repele a ajuda interessada dos financiadores de Amsterdã, abandona suas pretensões imperiais no mar Báltico; o esforço mercantilista ilustra à sua maneira uma tomada de consciência nacional e o nascimento da Suécia moderna.

V. Os outros estados europeus

Em nenhuma parte da Europa, encontra-se no século XVII intervencionismo tão coerente, tão sistemático como na França, na Inglaterra ou, em menor escala, na Suécia. Todavia, os projetos mercantilistas são universais, e em toda parte, nas deliberações dos Conselhos de governo, encontram-se as mesmas decisões, as mesmas proposições e todos os argumentos que a literatura econômica da época popularizava. A Dinamarca como a Baviera, os Estados dos Habsburgos como os principados italianos ou germânicos conhecem as companhias monopolizadoras, as manufaturas privilegiadas, as tarifas protecionistas e a instituição dos Conselhos ou Colégios de comércio. É certo que muitas vezes não passam de veleidades, projetos sem seqüência, medidas temporárias ou decisões vãs. Somente há política mercantilista eficaz nos séculos XVII e XVIII, onde um poder central é capaz de dominar os particularismos e os egoísmos, de impor uma arbitragem aos interesses opostos, de conciliar as reivindicações dos negociantes e dos produtores. Somente há política mercantilista eficaz onde os empreendedores são capazes de responder às proposições do governo, onde existe um embrião de burguesia nacional, o esboço, ao menos para certos produtos, de um mercado nacional, e as bases geográficas de uma relativa autarquia. É isto que demonstra um rápido exame da política econômica de alguns Estados europeus.

É conveniente evocar em primeiro lugar, porque sua situação é muito especial, o caso das Províncias Unidas, e sobretudo da Holanda. Não há neste país na idade clássica nem escola nem teórico mercantilista; isto já é revelador. Mas a República se singulariza ainda pela liberdade que concede, quase desde sua constituição, aos movimentos internacionais das espécies e das moedas. Nunca a Holanda, ao tempo do seu apogeu comercial hesitou em exportar numerário. Cunhava mesmo moedas de negócio para manter seus tráficos, moedas de grande reputação, que tinham curso nos países estrangeiros: os *rixdales** no Báltico, os escudos de leão no Levante, os ducados de prata nas Índias e na China. O papel de intermediários marítimos que os holandeses exercem, a função de entreposto internacional de Amsterdã, também, supunham uma grande liberdade comercial. As Províncias Unidas eram contrárias às proibições, e contra os ingleses defenderam o princípio da liberdade dos mares. Em plena guerra, a Holanda manteve muitas vezes para seus súditos a liberdade de comerciar com os países inimigos. Durante a guerra da Independência, negociantes de Amsterdã não hesitam em fornecer aos espanhóis navios e munições. A prática é a mesma durante as guerras contra a França. Em 1674, as hostilidades não impedem a retomada do negócio franco-holandês sob bandeiras fictícias. Durante toda a guerra de Sucessão da Espanha, salvo de 1º de junho de 1703 a 1º de junho de 1704, a liberdade do tráfico permanece, e o mercado de Amsterdã, por intermédio de Samuel Bernard e de seus correspondentes, continua aberto às operações do Tesouro francês. Os banqueiros holandeses fornecem a crédito o soldo dos exércitos de Luís XIV! Estes mercadores, estes banqueiros, estes diretores da Companhia das Índias Orientais, freqüentemente se interessavam mais pelos tráficos internacionais, pelos trânsitos e pelas reexportações, do que pela produção nacional. Nos conflitos que os opuseram aos agricultores zelandeses e aos manufatureiros de Leyde ou Harlem, partidários de elevadas tarifas, venceram muitas vezes, porque por intermédio dos regentes das cidades dominavam a Holanda e influenciavam os Estados Gerais. Entretanto, não recusavam todos os meios e todos os princípios do mercantilismo. Às tarifas inglesas e francesas, a Holanda respondeu com proibições e direitos aduaneiros igualmente rigorosos. A produção não era livre, as manufaturas rurais se chocavam com a hostilidade das cidades, e as fabricações urbanas eram submetidas a regulamentos e controles. Todos os artesãos da tecelagem de Leyde estavam agrupados nos *neringen.* Cada *nering* correspondia a um tipo de tecido, mas era dirigido de fato pelos mercadores exportadores destes tecidos. Os capitalistas holandeses participavam também das empresas das Companhias das Índias Orientais e Ocidentais, companhias de privilégios e verdadeiras potências públicas. Para melhor controlar os mercados e efetuar sem muitos riscos suas especulações, realizavam continuamente açambarcamentos e monopólios. Este mercantilismo evoluído, moderado e incompleto se exprime na obra de Pierre de La Court, mercador de Leyde, *O Interesse da Holanda.* Neste livro excepcional, traduzido para o francês sob o título enganoso de *Mémoires de Jean de Witte,* já se descobrem certos temas da escola liberal. O autor defende a liberdade de fabricação e de comércio. Propõe uma tarifa aduaneira de inspiração mercantilista, mas cuja moderação deveria regular os interesses do negócio: "Poder-se-ia ainda taxar um pouco mais que as nossas, as mercadorias estrangeiras que se podem fazer e ter no país... do mesmo modo quando estas mercadorias saem do país para serem conduzidas por nossos rios, mas não de maneira que elas possam ser levadas mais barato por uma outra rota... As manufaturas feitas no país não devem ser taxadas de modo nenhum, na saída, mas as estrangeiras, na entrada e na saída, tanto quanto puderem suportar, sem correr o risco de perder o comércio"[9]. Esta moderação das tarifas holandesas, que as fraudes sobre o trânsito permitiam muitas vezes evitar, tanto quanto os empréstimos e os investimentos no estrangeiro certamente prejudicaram, com o tempo, as manufaturas das Províncias Unidas, mas esta política se explica muito bem pela preponderância dos interesses comerciais e financeiros. Se as Províncias Unidas constituem, numa certa medida, uma exceção na Europa do século XVII, é também porque exercem aí, durante muito tempo, uma espécie de hegemonia marítima e comercial. Seu poderio financeiro, seu sistema de crédito e o débil interesse da prata, a competitividade de sua marinha lhes permitiam controlar muitos mercados, desafiar muitos concorrentes. O liberalismo é bastante conveniente às economias dominantes, e suas alegações em favor da liberdade das trocas e da liberdade dos mares não causam muita surpresa. A riqueza da República lhe dava força política e militar. O mercantilismo perdia pois, em parte, sua necessidade; não existia, além disso, um acordo natural entre as instituições republicanas burguesas e o regime liberal das trocas?

O caráter confederal das instituições centrais se acomodaria mal a um intervencionismo autoritário e burocrático. Os Estados Gerais, dominados em parte pelas burguesias urbanas e de negócio, limitados nos seus poderes pela autonomia das províncias, não estavam em condições de impor uma arbitragem em nome do interesse geral. Era uma situação sem perigo, enquanto durou a superioridade da marinha e do comércio holandeses, mas se tornava cada vez mais perigosa desde que a França e a Inglaterra constituíram uma marinha, colônias, ampliaram seus negócios estrangeiros sem sacrificar suas produções nacionais.

Toda a história da Europa nos séculos XVII e XVIII ilustra esta incapacidade de um Estado frágil, dependente ou muito pequeno para conduzir uma política eficaz de intervenção e de desenvolvimento econômico. O império germânico permaneceu um conglomerado díspar de soberanias e de economias justapostas. Em 1685, um carregamento de madeira, conduzido pelo Elba, de Dresde a Hamburgo, pagava em taxas e peagens os nove décimos de seu valor de compra, enquanto que a duração da viagem é quadruplicada pelas formalidades aduaneiras. A criação, pelo imperador Leopoldo, de um Colégio ou Conselho do comércio e a concessão de diversos privilégios de manufaturas na Áustria, não tiveram grande significação e eficácia numa tal situação de fragmentação política.

O outro império cristão, o Império Espanhol, manifesta a mesma debilidade econômica. Face às empresas dos Estados nacionais, melhor unificados, os grandes impérios herdados da Idade Média ou da descoberta do século XVI resistem mal. Para a Espanha, a política mercantilista de auto-subsistência parece despida de significação. A Espanha, onde abundam os preconceitos aristocráticos, onde as profissões comerciais e manufatureiras gozam de uma consideração mesquinha, necessita de seus vizinhos para atender às necessidades de seu império. O regime oficial do exclusivo, o monopólio de Sevilha e Cádiz são examinados de mil maneiras; os tecidos, as telas da Inglaterra, da Holanda e da França, abarrotam os navios da "Carrera" das Índias. Reduzido aos extremos pelo mau estado de suas finanças, o governo não hesita em sobrecarregar de taxas o comércio interno, e onera pesadamente suas próprias exportações. Após a desgraça de Olivares, o poder real está muito fraco para responder às solicitações dos escritores que o convidam a imitar a França e a Inglaterra[10]. Cada uma das grandes negociações do século XVII é uma ocasião de novas capitulações econômicas para Madri diante de seus concorrentes da Europa do Norte e do Oeste. O tratado dos Pireneus concede ao comércio francês importantes vantagens na península, os tratados de Utrecht entregam parcialmente aos ingleses a exploração do império. Desgraça nestes tratados para as províncias periféricas ainda mais vivamente sacrificadas. Milão e Nápoles entram em decadência econômica. A fragmentação territorial vota à impotência os esforços que os príncipes italianos e os vice-reis espanhóis tentam através do país, para proteger as manufaturas. As Itálias do segundo Renascimento, numa certa medida, anteciparam-se à obra colbertista, mas dentro de limites tão estreitos que o fracasso final era inevitável. Já no fim do século XVI, os preços de custo muito elevados e a golilha corporativista desqualificam a indústria italiana. A desordem fiscal e monetária que caracteriza a administração espanhola acaba por arruinar as manufaturas. A inflação, a má distribuição dos impostos desencorajam a empresa, e as taxas alfandegárias internas paralisam ao sul todo o comércio. Para lutar contra a alta dos preços, provocada pelas desvalorizações e cunhagens de moeda de cobre, o vice-rei de Nápoles proíbe as exportações; para esta região da Itália é realmente a hora do recolhimento e o começo da estagnação!

O exemplo belga é mais eloqüente ainda. Nos Países Baixos Meridionais, que permaneceram espanhóis, a tradição manufatureira era particularmente antiga e prestigiosa. Logo após a reconquista espanhola, e a despeito do fechamento de Escalda, estas províncias reconstituíram sua prosperidade material. Bruges, Gand, Antuérpia e Bruxelas, muitas vezes graças à solicitude de seus escabinos, dos arquiduques, e até mesmo dos governadores espanhóis, constituíram novas manufaturas, retomaram suas vendas no estrangeiro. Seus progressos se afirmaram até a metade do século. Mas, quando depois de 1650, a deflação dos preços, a crise européia, a rudeza da concorrência têxtil suscitaram, um pouco em toda parte e particularmente na França e na Inglaterra, medidas protecionistas, a economia da Flandres e do Brabante se viu ameaçada. As províncias belgas se voltaram para Madri, solicitaram o seu apoio e nada obtiveram. O governo espanhol estava muito debilitado, demasiado embaraçado nas intrigas diplomáticas para complicar ainda mais seus processos. De 1660 a 1711, as exportações de rendas dos Países Baixos destinadas às Ilhas Britânicas cessaram progressivamente, as de tela passaram de 30000 a 2000 peças, enquanto que, segundo a tarifa de 1680, os tecidos ingleses não deviam mais de 4 a 6% de seu valor, à sua entrada nos Países Baixos. De nada adiantaram nem as advertências dos Estados da Flandres, nem os protestos dos mercadores; as províncias tomaram consciência de ter abandonado, com sua independência, uma parte de suas possibilidades econômicas. Por duas vezes, sob o governo de Maximiliano Emanuel da Baviera, em 1698, 1699, e depois sob a ocupação francesa, o país tentou salvaguardar suas possibilidades. O Conde de Bergeyck fez adotar novas tarifas, proibir mesmo em 1699 a importação dos tecidos estrangeiros. Os protestos ingleses e holandeses, os particularismos locais, os ciúmes entre brabantinos e flamengos, o egoísmo de Antuérpia o constrangeram a se demitir e fizeram abandonar todas as suas reformas. Em 1713 e 1714, os tratados de Utrecht e de Rastadt confiaram a Bélgica ao Imperador, não sem lhe haver interditado qualquer liberdade tarifária e, portanto, qualquer grande vocação comercial e manufatureira. No mundo difícil dos anos 1650-1750, enquanto a estagnação da demanda e dos preços exaspera a concorrência, a prosperidade das manufaturas supõe um rigoroso protecionismo aduaneiro, e portanto um poder político capaz de resistir às pressões dos diplomatas e dos mercadores estrangeiros.

VI. A atualidade do Mercantilismo para os Déspotas esclarecidos do Século XVIII.

Desta estreita ligação entre política e economia, a história do despotismo esclarecido nos fornece uma última ilustração. Quando, no século XVIII, os Estados socialmente atrasados em relação à Europa Norte-Ocidental tentaram preencher uma parte de seu *handicap*, todos foram buscar no mercantilismo suas receitas de poderio econômico. Em toda a parte, da Europa Mediterrânica à Europa Central e Oriental, de alguma maneira se vê renovar-se a empresa colbertista e se multiplicarem no mesmo ritmo as reformas administrativas e as iniciativas mercantilistas. Ao esforço empreendido para modernizar a administração, suprimir os particularismos, os costumes locais, corresponderam as empresas de arroteamento, de colonização interna, de desenvolvimento manufatureiro e de unificação aduaneira.

A história da Rússia, de Pedro, o Grande, a Catarina II, ilustra muito bem, para além das diversidades geográficas e conjunturais, esta relação entre a política, a economia e a nação. Os primeiros teóricos mercantilistas russos aparecem na segunda metade do século XVII, quando se consolida a dinastia dos Romanoff e se delineiam suas ambições. O chanceler Ordin Natchokin propõe a criação de grandes companhias privilegiadas, para controlar o comércio internacional e as manufaturas. Para combater a empresa dos grandes negociantes estrangeiros, Krijanitch preconiza também a industrialização do país. O czar Aleixo tentou multiplicar as fábricas em seu domínio e em Moscou, mas é Pedro, o Grande, quem verdadeiramente tira a Rússia do seu torpor. Tinha à sua volta conselheiros e alguns homens de negócio imbuídos dos princípios mercantilistas, Saltykov, o Cavaleiro de Luberas, Possochkov e o próprio Menchikov; porém, muito mais que as concepções ideológicas, as circunstâncias exigiam esta política de desenvolvimento econômico[11]. A constituição de um exército poderoso, o equilíbrio da balança comercial pressupunham o nascimento de um setor comercial e manufatureiro moderno. Para suprir a falta de capitais e de quadros, o Estado teve de engajar técnicos estrangeiros, criar, ele próprio, usinas, subvencionar as manufaturas têxteis e as fundições de canhões, proteger esta produção pela tarifa aduaneira de 1724, abrir os canais que ligam o Volga e o Neva, o centro do Império e o Báltico. O mercantilismo russo surge como um elemento da formação de um Estado centralizado e unificado, uma etapa da história da economia nacional.

Pedro, o Grande, já é, à sua maneira bárbara, um déspota esclarecido; Frederico II é o modelo perfeito. De todos os soberanos da Europa Central e Oriental da segunda metade do século XVIII, é ele provavelmente aquele cuja administração econômica mais lembra o ministério de Colbert. Escreve no seu *Ensaio sobre as Formas de Governo* que, para prosperar, um país deve possuir, antes de tudo, uma balança comercial favorável, e acrescenta que é preciso utilizar suas próprias matérias-primas nas manufaturas nacionais, fundar outras indústrias especializadas para trabalhar as matérias--primas no estrangeiro e produzir barato para controlar os mercados internacionais. Proíbe pois a exportação das lãs e a importação de objetos de luxo, favorece com subvenções e monopólios a instalação, nos seus Estados, de novas manufaturas de veludos, de porcelana, de tecidos, manda secar pântanos, abrir canais, e dirige a economia da Silésia conquistada: "seu novo Peru".

Assim, enquanto a França e a Inglaterra, em novas condições econômicas, começam a se interrogar sobre a oportunidade de prolongar ou de interromper as práticas mercantis, e consideram uma nova legislação do comércio e de novos métodos para estimular a produção e as trocas, a Europa ao sul das montanhas alpinas e a leste do Elba retoma por sua conta o mercantilismo. O despotismo esclarecido toma da Europa Ocidental as idéias e os métodos que haviam triunfado ali um século antes; esta inspiração antiga, este prolongamento absolutista ou mercantilista nos conselhos dos príncipes filósofos, contribuem para a ambigüidade de seus personagens e de sua obra[12].

Ao termo deste rápido sobrevôo da história econômica dos Estados europeus, é possível destacar certos caracteres comuns das políticas mercantilistas que evocamos? Retomando uma célebre formulação de E. F. Heckscher, constatamos primeiramente, no coração do sistema, uma vontade de unificação e de poderio: unificação territorial e administrativa que os soberanos dos séculos XVII e XVIII somente puderam esboçar, e que foi completada pela revolução burguesa e pelo liberalismo; mas também, empresa de poderio monárquico e conseqüentemente nacional. O mercantilismo é, antes de tudo, um serviço da política, uma administração do tesouro real, um instrumento de grandeza política e militar. O dirigismo econômico do Estado clássico corresponde a motivações financeiras, é um sistema de produção, de riqueza e não de distribuição. Inspiram-no preocupações profanas, uma filosofia laica do Estado. O maquiavelismo expulsou, em grande parte, todo escrúpulo paternalista, religioso ou moral, e a política social somente aparece, pelo menos no século XVII, sob a forma de uma política interna, de uma segurança contra a insurreição. A monarquia sela sua aliança temporária e interessada com as classes possuidoras. Este serviço exclusivo e abstrato do Estado explica certas conseqüências internacionais do mercantilismo. Se ele é, na origem, muitas vezes resposta a um desafio do estrangeiro ou da conjuntura, contribui muito rapidamente para exasperar os conflitos políticos, suscita as guerras comerciais e coloniais, as anexações arbitrárias. Mas o desenrolar das rivalidades econômicas prova que, com sua independência política, as jovens nações jogam sua prosperidade material e seu futuro.

NOTAS

(*) MARSHALL, T. H. *Economic journal.* 1935; JUDGES, A. V. *Transations of the royal historical society.* 1939; e COLEMAN, D. C. *Scandinavian economic history Review.* 1957.

(1) PIRENNE, H. *Histoire économique de l'Occident médiéval.* Bruges, 1951, p. 356.

(2) LE BRANCHU, J. Y. *Écrits notables sur la monnaie,* Paris, 1934. t. II, p. 188.

(3) Já no início do século XVI, os Reis Católicos estabeleceram, entretanto, todo um sistema de proibições e de monopólios: interdição de exportar o ouro e a prata sob pena de morte, obrigação aos mercadores estrangeiros de fazer seus retornos em mercadorias espanholas, controle das importações de metais preciosos e direito de quinto para o rei, monopólio de pavilhão entre Sevilha e a América, etc.

(*) o *tonlieu* compreende toda espécie de taxas; é um imposto que reverte a favor do rei. O caráter do *tonlieu* é nitidamente fiscal, e não econômico. Cf. H. PIRENNE, *Maomé e Carlos Magno,* p. 91. (N. da T.)

(4) HAUSER, H. *La pensée et l'action économiques du Cardinal de Richelieu.* Paris, 1944.

(5) CLÉMENT, P. *Lettres et Mémoires de Colbert.* Paris, 1861-1862, t. VII, pp. 239 e ss.

(6) Mesma argumentação numa carta de 1669 (P. CLÉMENT, *Lettres, Introduction et Mémoires de Colbert,* VI, pp. 260 e ss.). O comércio mundial é assegurado por 20 000 barcos e este número não pode ser aumentado, porque a população em cada Estado permanece estável e o consumo também!

(7) O texto está em G. D. RAMSAY, *The wiltshire woollen industry,* Londres, 1964.

(8) ASHLEY, M. P. *Finances and commercial policy under the Protectorate.* Londres, 1934.

(9) *Mémoires de Jean de Witte,* Ratisbona, 1709, p. 58.

(10) Os mais lúcidos dentre eles medem os efeitos nefastos do monopólio de Sevilha e da importação desordenada dos tesouros americanos. A escola de Salamanca lhes ensinara, já no fim do século XVI, a teoria quantitativa da moeda e dos preços. M. GRICE HUTCHINSON. *The school of Salamanca,* Oxford, 1952.

(11) O artigo de H. CHAMBRE (Possochkov et le mercantilisme, Cahiers du monde russe et et soviétique, 1963) evoca a possível influência dos economistas poloneses do século XVI, N. Copérnico e Frycz-Modrzewsky e assinala a existência na Rússia de traduções de obras ocidentais. Mas insiste sobre a originalidade de Possochkov.

(12) Não mais na Rússia de Pedro, o Grande, do que na Prússia de Frederico II, é cômodo conciliar a existência da servidão nos campos e as necessidades da mão-de-obra das manufaturas.

Capítulo II

As teorias mercantilistas

Encontramos desde logo os problemas que evocamos na introdução. Nenhum ministro se proclamou mercantilista, mas nenhum economista tampouco teve o sentimento de pertencer a uma escola, de aderir a uma doutrina coerente, definida por mestres e codificada numa bíblia. O mercantilismo, enquanto sistema de pensamento e de intervenção, foi definido pelos liberais do fim do século XVIII, para designar e desqualificar aqueles cujos argumentos e práticas repudiavam. Esta particularidade cria uma certa confusão na polêmica e na historiografia. Tal autor antigo é classificado ora entre os mercantilistas, ora entre os isolados ou os precursores do liberalismo. Não existe acordo universal nem quanto à natureza da teoria, nem quanto às características do intervencionismo que ela justifica. Para uns, são mercantilistas os que identificam a riqueza nacional e o volume das espécies em circulação, para outros são mercantilistas os que proclamam a necessidade da auto-subsistência nacional e mantêm a xenofobia contra os mercadores e os produtos estrangeiros. Para outros ainda, sem dúvida os mais bem inspirados, a doutrina repousa sobre a idéia de que a intervenção do Estado deve garantir o equilíbrio indispensável da balança comercial. Segundo as escolhas mais ou menos arbitrárias, segundo os critérios retidos, é claro que a importância histórica, a legitimidade científica do sistema variam. Para sair desta ambigüidade, vamos examinar, recusando toda classificação *a priori,* a evolução do pensamento econômico, das grandes descobertas à metade do século XVIII, e destacar, se houver, os elementos de unidade, os temas comuns. Somente então, estaremos em condições de responder à questão proposta. Poderemos dizer se a noção em si é útil e necessária na história do pensamento econômico, se os escritores e os peritos se inspiraram mais ou menos conscientemente nesta teoria, em parte alguma formulada como tal, mas presente em toda parte nos espíritos.

A Idade Média pouco escreveu sobre as questões de economia e de finanças. Sua contribuição parece reduzir-se a alguns comentários de teologia moral e a alguns escritos anônimos sobre as moedas. Os doutores da Igreja decerto comentaram abundantemente as passagens da *Suma Teológica,* onde Santo Tomás trata do roubo, da fraude comercial e do empréstimo a juros, mas sem nada acrescentar realmente. Os conselheiros dos príncipes discutiram moedas e mutações, mas sem nada explicar dos mecanismos dos câmbios e dos preços. Somente o livro de Nicolas Oresme, seu *Traité de la première invention des monnaies,* parece ter conservado uma vida póstuma, e inspirado alguns teóricos da época moderna. Somente com as transformações econômicas do século XVI é que nasce uma reflexão fecunda. Os fenômenos monetários e sociais, que então afetam a Europa, são tão espantosos que inquietam os contemporâneos, entretêm sua imaginação especulativa. E primeiramente o prodigioso alargamento dos limites do mundo habitado, depois a abertura destes novos mercados aos empreendimentos da economia européia, é o crescimento de novas metrópoles financeiras no velho continente, e cedo, para certas populações, uma modificação brutal de suas condições de vida. As novidades do século XVI ainda são estas monarquias poderosas, faustosas, mas sempre com pouco dinheiro, estes Estados e estes Impérios envolvidos nas guerras mais onerosas, estes príncipes solicitando os banqueiros. Como não se interrogar sobre estes fabulosos carregamentos que se desembarcam em Sevilha, sobre a grandeza e a fragilidade do império de Felipe II, sobre os caminhos secretos tomados pelo ouro e pela prata que escapam à Espanha? Como não se preocupar em apaziguar a sede insaciável do Leviatã, e negligenciar os proveitos que o Tesouro real e o Erário poderiam tirar da prosperidade nacional.

A crise econômica, a baixa dos preços que atingem a Europa no curso do século XVII não interromperam este movimento intelectual, ao contrário. A exasperação das concorrências comerciais, a baixa de muitos lucros, a miséria, mantêm a inquietude, solicitam os conselheiros dos príncipes, justificam os memoriais dos mercadores, as queixas das companhias. Assim se constitui um imenso corpo de tratados e de reflexões, uma primeira biblioteca de Economia Política. Na política e na economia, a Europa começa a acreditar na eficácia do pensamento racional, começa mais ou menos conscientemente a professar que a riqueza é um valor supremo.

I. Publicistas, Teóricos, Administradores e Homens de Negócios

Na França, magistrados, oficiais das moedas e das finanças, homens políticos participaram em maior número que os negociantes e os manufatureiros deste primeiro esforço de reflexão teórica. Primeiramente, em 1566-1568, há a famosa polêmica a propósito da alta dos preços entre De Malestroit, conselheiro do rei, mestre ordinário de suas contas, e o grande Jean Bodin, depois os memoriais e os livros de Barthélemy de Laffemas, conselheiro de Henrique IV, e defensor infatigável das manufaturas do reino. Os escritos devidos à pena ou à inspiração de Richelieu, em parte, têm seu lugar nesta literatura pouco original e, freqüentemente, tão monótona quanto prolixa. Citemos ainda o *Traité des Monnaies* de Henri Poullain, surgido em 1621, o *Règlement général sur toutes sortes de manufactures qui sont utiles et nécessaires dans le royaume* do Marquês de

La Gomberdière, datado de 1634, e *Le Commerce honorable* de Jean Eon, religioso de Nantes, publicado nesta cidade em 1646. No meio desta galeria de servidores do Estado, Antoine de Montchrétien é exceção. Homem de espada e homem de letras, foi também manufatureiro e dirigiu fábricas de quinquilharias em Ousonne e Chatillon sur Lire. Seu *Traité de l'Économie Politique,* dedicado em 1615 a Luís XIII e a Maria de Médicis, já propõe um sistema coerente de intervenção econômica. Mas o escritor mercantilista mais prolixo, mais eloqüente, é certamente o próprio Colbert, cujos longos memoriais são verdadeiras obras de vulgarização, para servir seus colaboradores, intendentes e magistrados. Em função de sua administração e de seus escritos, é que se exprimem os economistas franceses até o fim do reinado de Luís XV. Tem seus adversários, mas também seus discípulos fiéis. Enquanto o Controlador-geral Orry (1730-1745) retoma a sua política, reforça a regulamentação industrial, dirige o progresso do comércio, numa conjuntura subitamente mais favorável, J. F. Mellon e Dutot repetem os argumentos da escola. Mais tarde ainda, no momento em que os grandes fisiocratas atraem a atenção do público, Véron de Forbonnais continua, em seus *Principes et Observations Économiques* (1767), a expor as regras essenciais do dirigismo econômico e da balança comercial.

Na Inglaterra, a abundante literatura econômica apresenta o mesmo aspecto, ao mesmo tempo prático e teórico, mas a participação dos homens de negócio nesta reflexão coletiva é mais freqüente e mais regular. Os grandes nomes da nascente economia política estão quase todos interessados nas atividades marítimas ou coloniais. É o caso de Thomas Mun, diretor da Companhia das Índias Orientais, e autor de um famoso *England's Treasure by foreign Trade,* de Josiah Child, diretor da mesma companhia, de Charles Davenant, de Dudley North, mercador na Turquia, depois prefeito de Londres, de William Petty, sábio, médico, mas também feliz especulador. Esta riqueza da literatura econômica na França e na Inglaterra não nos surpreende; são os dois países onde a política mercantilista se revestiu de maior coerência e continuidade.

A Suécia também possui, nos séculos XVII e XVIII, uma escola mercantilista. De Johan Classon Risingh, secretário do Kommerskollegium, criado em 1651, a Anders Berch, titular da primeira cadeira de economia na Universidade de Upsala, ela evolui do bulionismo mais elementar a formulações muito mais elaboradas da teoria da balança do comércio.

As idéias dos publicistas franceses, ingleses e suecos se difundiram em muitos outros países. Aqui, os príncipes solicitavam os conselheiros e os peritos, lá a indiferença ou a impotência dos governos excitavam a inspiração e a reflexão dos reformadores. Entre os mercantilistas espanhóis, cabe citar Luiz Ortiz, que predisse já em 1557 a decadência da Espanha e cujo *Memorial para que a moeda não saia do reino* convida todos os ociosos, fidalgos e letrados, a voltarem ao trabalho criador e à produção. Século e meio mais tarde, voltamos a encontrar na *Théorie et pratique du commerce et de la marine* de Geronimo de Uztariz a mesma análise da ruína nacional e as mesmas proposições. É o mesmo pungente interesse pela pátria, ou a mesma recusa da regressão econômica que inspira os primeiros mercantilistas italianos: Botero, autor de um célebre *Tratado de Razão do Estado,* e predecessor de Malthus no seu livro *Cause della grandezza e magnificenza della città,* Antônio Serra que publica em 1613 um *Breve tratato delle cause qui fan abondare i regni d'oro e d'argento,* depois, no século seguinte, o abade Ferdinando Galiani e Antonio Genovesi, tradutor de Thomas Mun e primeiro titular de uma cadeira de economia na Universidade de Nápoles. Um napolitano não seria indicado para ensinar esta ciência à Itália, capaz, segundo sua expressão, de devolver a uma nação diminuída, seu poderio, sua população e sua civilização?

Na Alemanha, os primeiros economistas se preocuparam, sobretudo, com a administração dos tesouros principescos e com a reconstrução do país, devastado pela Guerra dos Trinta Anos. Entre estes "cameralistas" contam-se, sobretudo, Johann Becher, infeliz empresário de manufaturas em Viena e Munique, e autor em 1668 de um *Discurso das Causas dos Progressos ou da Decadência dos Impérios, das Cidades e das Repúblicas.* Seu sucessor na direção da manufatura de Viena, Von

Schroeder e seu genro Von Horneck permaneceram fiéis a seus ensinamentos, e o segundo propôs ao Imperador um verdadeiro plano colbertista. Seu livro com o significativo título *A Áustria acima de tudo, contanto apenas que ela o queira,* popularizou seu projeto, consorvando-lhe, até a época do governo reformador de José II, uma grande notoriedade.

II. Uma ânsia de poder, um serviço do Príncipe e do Estado

Do exame desta literatura cosmopolita se destaca um certo número de idéias comuns e permanentes, que vamos definir antes de estudar o desenvolvimento e os progressos da teoria econômica. O mercantilismo exprime, em todos os países, uma dupla vontade de poder, busca de grandeza e de riqueza. Na Europa moderna, não há mais lugar de honra para os Estados incapazes de mobilizar exércitos e frotas numerosos. Não há mais lugar para os príncipes sem vintém, e para os Estados ascéticos. É a prosperidade do reino que permite ao Erário alimentar o Teusouro real; é a prosperidade comercial que faz circular as espécies preciosas, medidas e condições de todo poder. O imposto é pago em moedas de ouro e de prata, porque assim são pagos os soldados, as munições, os espiões e os aliados. "É impossível fazer a guerra sem homens, manter homens sem soldo, fornecer-lhes o soldo sem tributos, arrecadar tributos sem comércio", escreveu Antoine de Montchrétien[1]. Esta solidariedade de fato faz que a monarquia se interesse mais do que no passado pelas empresas dos mercadores e dos manufatureiros. Sem romper as antigas solidariedades, o Estado admite e sanciona um novo equilíbrio dos grupos sociais. A política e a doutrina mercantilistas revelam ao mesmo tempo uma evolução das instituições administrativas, das vontades políticas e um progresso da sociedade. A comunidade de interesses entre o Estado e os principais agentes do desenvolvimento econômico constitui um poderoso fator de unificação nacional, dá à coisa pública, à razão de Estado uma dimensão suplementar. Aqui, o pensamento de Montchrétien prolonga o de Jean Bodin. O liame entre os indivíduos não é mais unicamente de natureza política ou religiosa, mas também de natureza econômica, e esta busca de uma conciliação entre o interesse estatal e o dos súditos, ou pelo menos de uma parte deles, já revela uma certa laicização da vida pública. É o tema principal do diálogo, redigido em 1549 e publicado em Londres, em 1581, sob o título de *Compêndio ou Rápido Exame de Algumas Queixas Comuns a Diversos de nossos Compatriotas*. Do confronto das reivindicações contraditórias do doutor, do fidalgo, do fazendeiro, do mercador e do fabricante de malhas, tenta destacar o interesse coletivo, isto é, também o da rainha, pois que Sua Majestade "não pode carecer de dinheiro por tão longo tempo quanto seus súditos o possuem", mas seria impotente e desarmada "se eles não o tivessem tampouco, não poderiam tê-lo aliás, acrescenta o doutor, se não circulassem mais espécies no reino"[2].

Esta ânsia de poder e de unidade mantida pela doutrina mercantilista se exprime muitas vezes, com relação ao estrangeiro, de maneira agressiva; o mercantilismo utilizou e exasperou a xenofobia. Forneceu novas motivações às rivalidades internacionais. Às guerras religiosas, às guerras dinásticas se justapuseram e misturaram os conflitos nascidos das concorrências comerciais. Os bons autores jamais deixaram de denunciar as pilhagens, os lucros ilícitos dos estrangeiros e exaltam as vantagens naturais do país, que lhe permitem se abster de seus serviços onerosos. "Os mercadores estrangeiros são como bombas que sugam para fora do reino... a pura subsistência de vossos povos... são sanguessugas que se agarram a este grande corpo de França, absorvem o seu melhor sangue e dele se fartam"[3]. Os autores ingleses não são mais indulgentes que Antoine de Montchrétien, e já na metade do século XVI o *Compendious* denunciava "a contínua espoliação de nosso bem e de nosso dinheiro". Esta vontade de independência econômica dissimulava freqüentemente a ambição de dominar as potências estrangeiras. Estava ligada, no pensamento dos mercantilistas, à convicção da superioridade natural, e mesmo providencial de seu país. Não acabaríamos nunca de repetir as citações a este respeito. Na França era uma banalidade da eloqüência política: Claude de Seyssel e o chanceler Duprat celebraram a fertilidade deste reino, abençoado por Deus, que pode se abster de todos os outros, mas do qual os outros não poderiam abster-se[4]. "Deus, disse La Gomberdière, verteu de tal maneira suas santas bênçãos sobre vosso reino, que parece tê-lo designado para ter autoridade e comando sobre todos os outros do Universo, tendo-o tão bem constituído e provido de tudo o que é útil e necessário para a vida e manutenção de vossos povos, e com tal abundância, que se pode verdadeiramente dizer que é a única monarquia capaz de se abster de todos os seus vizinhos"[5].

É a repetição, quase palavra por palavra, de idênticas passagens do *Traité de l'Économie Politique*. O patriotismo fanático dos ingleses não é menos ingênuo: "se nossas mercadorias lhes são necessárias... as suas nos são mais prazer do que necessidade", declara desdenhosamente o autor do *Compendious,* e Thomas Mun, mais lírico, acrescenta em 1622: "Se considerarmos a beleza, a fertilidade, o poderio marítimo e terrestre da Inglaterra... convirem os que este reino é capaz de ser senhor do Universo, pois qual outra nação é tão ricamente e naturalmente dotada de coisas necessárias à alimentação, à vestimenta, à paz e à guerra, não somente para sua suficiência mas para abastecer seus vizinhos e para daí tirar a cada ano abundância de espécies e completar sua felicidade"[6]. Reencontramos a mesma inspiração no *Livro sobre a Pobreza e a Riqueza,* onde Possochkov reclama a interdição das exportações de matérias-primas e da maior parte das compras no estrangeiro.

III. O programa aduaneiro e manufatureiro, a apologia do trabalho criador

Em tais condições, não realizar o programa comercial e manufatureiro do mercantilismo seria de uma passividade criminosa. Todos os autores recomendam a mesma tática aduaneira, favorável às exportações de manufaturados e proibitiva para as importações concorrentes. Mas as taxas que atingem estes produtos representam apenas o aspecto negativo de uma política de criações e de sustentação, o manejo das tarifas constitui uma condição prévia para o desenvolvimento da economia. As companhias de navegação, as manufaturas, as novas colônias são armas utilizadas nesta "guerra de prata", e os manufatureiros, os mercadores, inspirados e sustentados pelo Estado, aparecem como agentes da prosperidade comum e do poder público. O mercantilismo resulta numa exaltação do espírito de empresa e do trabalho criador. Realiza assim, em relação aos ideais pregados pela cultura medieval, uma verdadeira subversão das hierarquias e dos valores. É levado a lutar contra os preconceitos nobiliários, a ociosidade, o gosto da função pública, mantido pela venalidade e hereditariedade dos ofícios.

A apologia do comércio e de seus benefícios constitui um tema banal da literatura econômica dos tempos modernos. Thomas Mun termina em 1622 seu *England's Treasure by foreign trade,* de maneira ditirâmbica: "o comércio exterior é a riqueza do soberano, a honra do reino, a nobre vocação dos mercadores, nossa subsistência e o emprego de nossos pobres, o melhoramento de nossas terras, a escola de nossos marinheiros, o nervo de nossa guerra, o terror de nossos inimigos"; de maneira humorística; um outro economista inglês conclui: "a atividade comercial tornou-se, com justiça, a dama mais cortejada, mais celebrada do que nunca por todos os príncipes e potentados do Universo"[7]. Voltamos a encontrar num estilo mais administrativo os mesmos elogios nos editos e regulamentos mercantilistas. O edito de 13 de agosto de 1669 exalta os méritos do comércio por mar: "Esta fonte fecunda que traz a abundância aos Estados e a difunde entre seus súditos, na proporção de sua indústria e de seu trabalho, não há meio para adquirir fortuna que seja mais inocente e mais legítimo". A intenção evidente é combater uma tradição de desconfiança e de repugnância com relação ao lucro e à atividade comercial, é um combate necessário para Colbert numa época de renascimento católico e num país, em parte, influenciado pela intransigência dos jansenistas. Um outro edito de dezembro de 1701 renova os mesmos elogios: "O Estado tira vantagens da aplicação das de nossos súditos que se apegam com honra ao negócio. Temos olhado sempre o comércio por grosso como uma profissão honrada e que não obriga a nada que não possa razoavelmente compartilhar com a nobreza, o que nos tem levado muitas vezes a conceder cartas de enobrecimento em favor de alguns dos principais negociantes, para lhes testemunhar a estima em que temos aqueles que se distinguem nesta profissão". A monarquia francesa conserva alguma prudência porque era obrigada a tratar com ordens privilegiadas e sua nobreza em particular. Eleva o mercador, mas não tenta subverter a constituição social do reino. O próprio Colbert repudia sua hereditariedade lojista, exalta os méritos do comércio, mas desconfia do egoísmo dos mercadores e não quer desenvolver seus negócios senão depois de os ter submetido a regulamentos e a controles severos. Há entretanto, entre os teóricos mercantilistas, espíritos mais audaciosos, que exaltam o negociante como um tipo novo de homem: "Os mercadores são mais que úteis no Estado e sua ânsia de lucro que se exerce no trabalho e na indústria faz e causa uma boa parte do bem público. Por esta razão se lhes deve permitir o amor e a busca do lucro"[8]. Charles Davenant exagera mais que Montchrétien: para ele o mercador merece todas as honras "porque é o melhor e o mais útil dos membros da comunidade". Aqui não é mais questão apenas de sistema econômico, mas também de moral e de filosofia social. Encontramos nos escritos de Montchrétien um acento calvinista, presente mais nos de Olivier de Serres e de Laffemas. É mais ou menos convicção puritana que a atividade econômica do homem transforma o mundo conforme um desígnio de Deus. "O homem nasceu para viver em contínuo exercício e ocupação"[9]. Da exaltação do trabalho produtivo, passa-se assim, insensivelmente, à legitimação da ambição profana e do lucro; todos os mercantilistas não foram tão longe, mas estas afirmações revolucionárias se encontravam como virtualidades no coração de seu sistema.

IV. A abundância das espécies e a balança comercial

Feliz resultado do trabalho nacional, uma das conseqüências da atividade das manufaturas exportadoras e das companhias de comércio será a abundância das espécies. Tal é o objetivo atribuído à política mercantilista, pois que o ouro e a prata são a medida de toda a riqueza. Encontram-se, nos autores e mais ainda nos políticos, inúmeros testemunhos desta fascinação exercida pelos metais preciosos, e o poder imperial de Carlos V e Felipe II contribuiu para manter esta mitologia do ouro. "A abundância de ouro e de prata é a riqueza de um país"[10]; tais fórmulas retiveram a atenção dos historiadores e dos economistas, e serviram muitas vezes para justificar suas objeções. Desde Adam Smith, censurou-se amiúde ao mercantilismo esta confusão entre a abundância de moeda e a riqueza propriamente dita. Mas esta acusação repousa geralmente sobre citações truncadas, tiradas arbitrariamente do seu contexto. Mesmo os teóricos espanhóis e italianos aos quais se atribuíam concepções primárias escapam a esta crítica[11]. Os economistas da Europa clássica não se enganaram tanto quanto se acreditou; o próprio Colbert, cujas fórmulas incisivas sobre a "abundância de prata" são citadas tantas vezes, autorizava as saídas de numerário com destino ao Levante e às Índias Orientais. Sabia com certeza que o verdadeiro meio de atrair e sobretudo de conservar as espécies era fazê-las circular, "dar meio aos homens de tirar lucro daí" e de fazê-lo pelo trabalho e empresa dos investimentos produtivos[12]. Os mercantilistas tinham sob os olhos o exemplo da Espanha, incapaz de reter a prata do Potosi, e a alta dos preços lhes havia ensinado, com os rudimentos da teoria quantitativista, os riscos dos entesouramentos estéreis. Muitos ensinavam que uma numerosa população industriosa, um solo fértil sob um clima favorável, manufaturas e uma marinha ativa eram as verdadeiras fontes da riqueza. "Não é a abundância de ouro e de prata, a quantidade de pérolas e de diamantes que faz os Estados ricos e opulentos, é a acomodação das coisas necessárias à vida é à vestimenta".[13] Oitenta anos mais tarde, e após muitos outros, Vauban repete palavra por palavra as afirmações de Montchrétien: "não são os montes de ouro e de prata que fazem as riquezas, mas o bom emprego que deles se faz diariamente, a abundância dos gêneros sem o que nada se lucra".[14] Esta é também, na Inglaterra, a opinião de Thomas Mun, J. Child, W. Petty e D. Davenant. Se, entretanto, uns e outros atribuem muita importância às espécies preciosas, é porque elas são o recurso do Príncipe, o nervo da guerra, a base de um sistema de crédito ainda rudimentar, e o único meio de regulamentação do saldo internacional[15]. Para valorizar todas as coisas, para assegurar as trocas e movimentar a economia, um estoque fluido e abundante de espécies monetárias deve circular através do país. Os limites, as contradições da escola mercantilista são também os de sua época. Explicam a importância que os teóricos concedem à balança comercial. Esta noção permite reunir e conciliar a obsessão monetária e o voluntarismo do desenvolvimento, os cuidados do Príncipe e a ambição material dos súditos. Estamos então no cerne da doutrina mercantilista. Todas as considerações, todas as proposições que recordamos até aqui, solidariedade em torno do soberano, auto-subsistência da nação, xenofobia, criações manufatureiras e comerciais, bulionismo, adquirem maior ou menor importância segundo os autores. Na Inglaterra, insiste-se mais sobre os interesses mercantis; na França o serviço do Príncipe, a riqueza e a glória do Estado preponderam freqüentemente sobre outras preocupações. Mas o elemento comum, o elemento essencial é a teoria da balança comercial, ou mais exatamente a convicção de que uma ação harmonizada, dirigida pelo Estado deve permitir o equilíbrio positivo desta balança: fonte de prosperidade e de poder. Esta permanente preocupação com o equilíbrio das importações e das exportações faz a realidade e a unidade do pensamento mercantilista.

A própria noção é antiga; já no fim do século XIV um oficial da Moeda inglesa, R. Aylesbury, explicava que o excedente das exportações asseguraria a abundância das espécies. A idéia é inteiramente banal já na metade do século XVI, figura em bom lugar no *Compendious* (1549), cujo autor, como Jean Bodin em

La République, preconiza as medidas que constituem todo o arsenal da política mercantilista. Os progressos da contabilidade em partidas dobradas ajudaram certamente a melhor conceber este problema, mas foram as discussões que se desenvolveram na Inglaterra de 1620 a 1622, a propósito da crise dos câmbios, depois as que se prolongaram ao longo do século acerca do comércio oriental, que permitiram a certos autores, Thomas Mun em particular, formular esta noção com o máximo de clareza. A crise de 1620-1622 colocou sérios problemas ao governo inglês. Certos peritos, Malynes entre outros, atribuíam às especulações as variações dos câmbios e as saídas de prata. Propunham uma revalorização da moeda nacional, o restabelecimento de um controle e mesmo de um monopólio público: um cambista real seria encarregado de todo o negócio das letras de câmbio e dos metais preciosos. Denunciavam também as atividades da Companhia das Índias Orientais, que exportava espécies para manter seu negócio na Índia e importava produtos de luxo, muitas vezes concorrentes das manufaturas inglesas. A uns e outros, Th. Mun, J. Child e C. Davenant se opuseram com vigor. No seu *Discurso sobre o Comércio da Inglaterra com Destino às Índias Orientais,* publicado em 1621, Th. Mun mostra que este negócio é lucrativo, que permite importantes reexportações e que o essencial não é entesourar as espécies, mas fazê-las circular para estabelecer um saldo positivo das exportações. No seu outro livro escrito em 1650, mas editado em 1664, *England's treasure by foreign trade,* desenvolve ainda mais seu pensamento: as proibições e os controles policiais, destinados a evitar as saídas de ouro e de prata, lhe parecem inúteis, o objetivo de uma boa política é antes regular, orientar o comércio para equilibrar a balança, da qual dependem principalmente os movimentos da prata através das fronteiras. Explica ainda como se deve calcular esta balança: no ativo, para as mercadorias exportadas, acrescenta ao custo da produção o lucro do comerciante, o frete e o preço dos seguros, se as mercadorias são transportadas em navios ingleses; no passivo, toma por base o preço de venda na Inglaterra, deduzindo os direitos de alfândega e o frete se estas mercadorias são importadas por mercadores ingleses e em navios ingleses. Chama também a atenção para a necessidade de levar em conta os invisíveis: importações invisíveis, somas gastas no estrangeiro pelos ingleses e seu governo, ganhos dos estrangeiros que traficam na Inglaterra, exportações invisíveis, ganhos dos nacionais nos países de fora, despesas dos visitantes, é realmente a balança das contas cuja teoria é assim esboçada. Como um simples mercador, o Estado Leviatã podia manter suas contas. Os economistas liberais ironizaram à vontade as ingenuidades da teoria mercantilista do comércio, sublinharam suas contradições, sua ignorância de certos mecanismos reguladores, acarretando todo excedente das exportações uma alta dos preços e um restabelecimento do equilíbrio. Na verdade, os economistas dos séculos XVI e XVII compreenderam perfeitamente que o comércio exterior era na época a principal fonte de enriquecimento e de acumulação capitalista. A dificuldade das comunicações, a inelasticidade da oferta e da demanda em muitos mercados internacionais, a freqüência desordenada das mutações monetárias, e os entraves de toda espécie, colocados em toda parte à circulação das espécies, tornavam aleatórios os automatismos que os liberais celebraram com muito otimismo. O mercantilismo que eles nos apresentaram como uma doutrina errônea e ingênua corresponde entretanto, exatamente às condições econômicas do tempo. Mas existe na história desta corrente de pensamento uma diversidade, e sobretudo um progresso que tentaremos agora explicar. Esta evolução, esta reflexão coletiva, constitui a embriologia da economia política, é um outro aspecto do movimento da ciência na Europa clássica.

V. A evolução das doutrinas econômicas. Oposição e Matizes

Na França, a obra e a personalidade de Colbert concentram por longo tempo, por tempo demais, a atenção. É para ou contra o colbertismo que se escreve ou argumenta. Os defensores de seu sistema, muitas vezes protegidos ou encorajados pela administração, prolongam até a metade do século XVIII o ensinamento da Escola, mas adaptando-o às novas condições criadas pelas peripécias financeiras da Regência. A falência da experiência, dirigida por Law, mostrou ao mesmo tempo a força do crédito e os perigos do papel-moeda. O fetichismo do metal amarelo não tem mais o mesmo sentido, nem as mesmas justificações, mas o fracasso final do banqueiro escocês paralisa o desenvolvimento do pensamento econômico e retarda o nascimento de uma nova teoria do valor de troca. Não mais se acentuam as questões monetárias, mas somente o desenvolvimento da produção e do comércio. "A riqueza do Estado, escreve Véron de Forbonnais, é o maior grau de independência em que se encontra em relação aos outros Estados, para suas necessidades e pela maior quantidade de artigos supérfluos que ele tem a exportar". A moeda não é mais a única medida de toda riqueza, mas um simples acelerador econômico: o crescimento do numerário mantém a alta dos preços, estimuladora do trabalho, das trocas e dos lucros[16].

No campo oposto, as críticas em relação a Colbert se exprimiram desde o início de sua administração e praticamente não cessaram jamais. Mas permaneceram clandestinas por muito tempo, e foi preciso esperar o fim do reinado de Luís XIV, e a crise moral e política provocada pelos desastres militares, para que se exprimisse com coerência um conjunto de novas idéias. Motivos bem diversos inspiraram esta oposição. Muitos mercadores desconfiaram sempre das companhias com monopólios, dirigidas em Paris por alguns favoritos e conselheiros do ministro, queixam-se das represálias aduaneiras da Holanda e da Inglaterra, e, pouco a pouco, os mais lúcidos começam a reclamar uma moderação das tarifas e uma maior liberdade de empresa. "A liberdade é a alma do comércio, excita o gênio e a aplicação dos mercadores, e mantém a abundância". Os negociantes, Thomas Legendre de Rouen, Descazeaux de Nantes, Annison de Marseille, utilizam mais ou menos as mesmas fórmulas. Como eles, Pierre Daniel Huet, no *Trésor historique et politique du florissant commerce des Hollandais,* evoca o brilhante êxito dos livres mercadores de Amsterdã. Censura-se também à política aduaneira de Colbert o fato de ter comprometido e depois arruinado nossas exportações de cereais, de vinhos e de aguardente. Courtilz de Sandras, Vauban, Fénelon e Boisguilbert responsabilizam-na pela depressão dos rendimentos agrícolas tão sensível na França no último quartel do século XVII. Toda a oposição aristocrática retoma naturalmente esta crítica e tende a não ver no mercantilismo mais que a expressão econômica de um reinado de "cidade burguesa", que sacrifica os interesses agrários aos egoísmos dos mercadores. A estes motivos misturam-se outras considerações. Fénelon, Claude Fleury, Daniel Huet reprovam a xenofobia que mantêm as doutrinas mercantilistas e a guerra de prata. A colaboração pacífica entre os povos, a divisão internacional das produções e do trabalho lhes parecem conformes aos desígnios da Providência. Na cidade de Salente, cidade ideal que Telêmaco visita, a liberdade do comércio era total, mas o luxo era banido. Fénelon sonha com uma economia espartana com preponderância agrícola. Não lisonjeiam os manufatureiros a vaidade ostentatória do público, embora suscitando as rivalidades internacionais? As guerras de Luís XIV lhe parecem resultar em grande parte da política econômica de Colbert, sendo que a de 1672, segundo ele, causou todas as outras. Tudo isto ressalta sobretudo da polêmica, e não acrescenta grande coisa à teoria econômica. O grande Vauban limita-se a desejar que os direitos de entrada e de saída sejam reduzidos pelo Conselho de Comércio, para não paralisar as trocas com o estrangeiro; além disso, partilha as preocupações da maioria de seus contemporâneos pela balança do comércio e pela proteção da produção nacional. Mas estas críticas, estes projetos utópicos ou moderados testemunham um clima novo, preparam e favorecem o aparecimento de um pensamento verdadeiramente inovador.

Há, com efeito, muito mais audácia em Pierre Le Pesant de Boisguilbert que rejeita os modelos da época, e propõe uma interpretação original da vida econômica. A miséria camponesa e a baixa dos rendimentos agrícolas no fim do reinado de Luís XIV, tal é o mal de que Boisguilbert procura primeiramente as causas e os remédios. Foi o retrocesso do consumo que arruinou o reino, afirma no *Détail de la France* (1695), os impostos excessivos e mal distribuídos, as ajudas e as aduanas internas diminuíram a demanda, fonte do desenvolvimento das riquezas. É preciso, para levar o consumo e a produção agrícola ao seu nível mais elevado, liberar os mercados, permitir a exportação dos cereais, e a prosperidade agrícola se estenderá naturalmente a toda a nação. Existe, afirma Boisguilbert, uma solidariedade fundamental entre todas as atividades econômicas e todas as profissões, os rendimentos obtidos num setor oferecem mercado aos produtos de um outro setor. Desenvolve esta idéia na sua *Dissertation sur la nature des richesses* e mostra que a circulação dos produtos e dos rendimentos é a principal condição da prosperidade. A própria noção de riqueza muda, assim, completamente de natureza, a ruptura com o mercantilismo é evidente. A moeda não é mais que um meio de circulação das rendas e das mercadorias. Poder-se-ia mesmo, "se os homens concordassem em dar uma folga ao ouro", utilizar somente papel-moeda. Boisguilbert não ignora os problemas de confiança e de segurança que suscita uma moeda não-metálica, mas constata também o uso crescente, no comércio interior e exterior, das letras de câmbio e dos bilhetes, aos quais a prática do endosso dá grande maleabilidade. Neste domínio, a audácia de seu pensamento reflete a evolução das realidades e das instituições. Mas o maior título de glória de Boisguilbert é ter proposto um primeiro modelo econômico global e um primeiro esquema do circuito monetário. Duas grandes categorias de rendimentos, rendas imobiliárias ou senhoriais, e rendas de indústria, circulam na sociedade e relacionam o que ele chama "o belo mundo" e os produtores: lavradores, mercadores e manufatureiros. A criação da riqueza repousa sobre o livre mecanismo dos preços; na troca, as duas partes lucram, e os fins egoístas dos indivíduos se harmonizam e concorrem ao interesse geral. É preciso, pois, deixar funcionar estas leis naturais. "A questão não é agir, mas é necessário parar de agir com a grande violência que se faz à natureza... em breve, esta mesma natureza libertada... restabelecerá o comércio e a proporção dos preços entre todos os gêneros"[17]. Aqui, Boisguilbert é realmente o precursor dos fisiocratas, de Adam Smith e de Jean-Baptiste Say. Opõe-se fortemente aos princípios do mercantilismo em matéria aduaneira, monetária e manufatureira. Ainda que propondo a manutenção dos direitos de importação, quer suprimir todas "as formalidades e dificuldades que entravam o comércio", quer também abolir todas as taxas de exportação e obter a livre saída das mercadorias. Não nega o papel benéfico das manufaturas, ao contrário dos fisiocratas, para quem só a agricultura é criadora de um produto líquido, mas pensa como eles que a liberdade do comércio interior e o progresso da agricultura são as chaves do desenvolvimento do reino e as condições prévias do crescimento das riquezas. Recusa o postulado dos mercantilistas que afirmam o papel essencial do comércio exterior e das exportações de manufaturados para atrair o ouro e a prata. Insurge-se também contra seu programa intervencionista, que engendra somente a miséria, pois que jamais se violam impunemente as leis da ordem econômica. O relativo fracasso de Colbert, as transformações da circulação monetária, as conseqüências desastrosas do sistema fiscal ajudaram-no a se emancipar dos sistemas e das obsessões do mercantilismo; sua inteligência lhe inspirou mesmo antecipações audaciosas. É seguramente um precursor dos fisiocratas, e mesmo numa certa medida, ultrapassa-os, anunciando as teorias contemporâneas do consumo e do pleno emprego.

É por vias paralelas que enveda na mesma época o pensamento econômico na Inglaterra. Mas as condições políticas e as instituições são muito diferentes. A Revolução deu um golpe mortal nas guildas, nas corporações de ofício, nos monopólios e numa grande parte da regulamentação das fabricações e do comércio interior. Estabeleceu, igualmente, uma relativa liberdade de edição. A indulgência das censuras, a debilidade das restrições intelectuais e policiais, o caráter público das discussões favorecem os progressos da ciência econômica, assim como os da ciência da Natureza e da filosofia. De livro em livro, vê-se por vezes evoluir o pensamento do mesmo autor, no qual podem misturar-se os princípios do mercantilismo e as antecipações liberais, e acontece não se saber muito bem se se deve exaltar a diversidade fecunda das doutrinas mercantilistas ou celebrar os precursores desconhecidos do *laissez-faire*. Não se trata, como na França, de uma literatura de oposição semiclandestina, e imediatamente pouco eficaz, mas de polêmicas públicas, que opõem entre si homens de negócio, conselheiros da Coroa, peritos em problemas concretos de administração aduaneira e comercial. Entre estes problemas, o da balança comercial entre a França e a Inglaterra reteve particularmente a atenção. Após a Restauração, vários publicistas empreenderam uma campanha contra as importações de produtos franceses. Comunicaram-se ao Parlamento cifras destinadas a provar a amplitude do *deficit* deste negócio através da Mancha. As cifras eram duvidosas, mas justificaram as medidas protecionistas, adotadas em 1678, depois novamente em 1689 e 1705. A Inglaterra respondia assim, com muito vigor, às tarifas estabelecidas por Colbert e seus sucessores; entretanto, um grupo de economistas, entre os quais Child, Coke, North e Davenant, se levantaram contra esta política. Retomando certas formulações de Th. Mun, mostraram que uma balança particular ou bilateral não tem muita significação, que existe entre as diferentes correntes de tráfico uma solidariedade fundamental, que se podem estabelecer compensações triangulares ou mesmo multilaterais, e que convém não atribuir importância senão à balança geral. "Perdemos no comércio com a França, escreve Davenant, mas se não comerciarmos com a França, esta comprará menos à Espanha e à Itália, que, por sua vez, não mais nos oferecerão os mesmos mercados"[18]. O comércio do Báltico oferece outro exemplo destes mecanismos complexos do negócio internacional. Comércio deficitário sem dúvida alguma, pois é preciso regular-lhe o saldo em dinheiro sonante; entretanto, fornece à construção naval um grande número de materiais indispensáveis; sua seqüência condiciona o poderio da marinha britânica e a eficácia dos Atos de Navegação. Esta consciência da solidariedade de todos os mercados e de todos os tráficos justifica pouco a pouco a noção abstrata da liberdade comercial. O exemplo da Holanda fornece argumentos suplementares aos partidários do Free-Trade, e tanto Child como Davenant invocam com freqüência as descrições que W. Temple e Pierre de La Court pintaram da prosperidade e da política das Províncias Unidas. As necessidades da polêmica ainda inspiram outras reflexões; assim, celebram-se as vantagens da divisão internacional do trabalho, que estimula a invenção, ou as vantagens do livre mercado que permite procurar as matérias-primas a melhor preço, propõe-se uma nova definição da troca, o comércio internacional não é mais extorsão ou pilhagem dissimulada, mas uma operação benéfica a ambas as partes. A concepção mercantilista de um volume limitado e estável do comércio internacional, repartido sem cessar pela rude rivalidade dos Estados, a própria noção da "guerra de prata" são recusadas. O desenvolvimento das trocas marítimas justifica estas novas análises e dissipa os temores inspirados pelos maus dias da conjuntura. "Do ponto de vista do comércio, o mundo inteiro não passa de uma única nação ou um único povo, no interior do qual as nações são como pessoas... nenhum povo jamais se tornou rico pelas intervenções do Estado, mas é a paz, a indústria, a liberdade e nada mais, que trazem o comércio e a riqueza"[19]. Dudley North anuncia nesta passagem o tratado que Hume consagrou, em 1758, ao absurdo de *O Ciúme Comercial*. De todas estas reflexões ainda esparsas, destaca-se pouco a pouco e empiricamente um novo modelo, o de uma economia onde reinam leis naturais que regulam os mecanismos dos preços e harmonizam os interesses particulares. Na Inglaterra, muito mais do que na França, os melhores espíritos estavam convencidos de que as leis civis deviam adaptar-se ou identificar-se a estas leis naturais. William Petty, pioneiro da estatística e da economia quantitativa, em sua *Aritmética Política*, John Locke em suas *Considerações sobre a baixa dos juros*, estão entre os primeiros a mostrar a impotência das leis civis, sustentam que existe em função da oferta e da demanda de capitais, uma "taxa natural" do juro do dinheiro, que não se poderia modificar com medidas legislativas. Num nível menor de abstração intelectual, D. North proclama "que não compete à lei fixar os preços no comércio, pois seu nível deve-se fixar e se fixa por si mesmo" e C. Davenant resume a nova teoria do comércio: "O negócio é, por sua natureza, transação livre, encontra seus caminhos e dirige melhor suas empresas; todas as leis que tentam limitá-lo, regulá-lo e orientá-lo podem ser úteis a interesses particulares, mas muito raramente são vantajosas para o público"[20]. Nos mercados em que se determinam os preços justos pelo jogo da oferta e da demanda, a liberdade deve remontar à produção. Na Inglaterra já era uma batalha meio ganha, mas J. Child insiste: as fabricações devem ser libertas de todos os controles, mesmo as qualidades inferiores devem ser autorizadas se correspondem às demandas da clientela. Reencontramos assim, sob sua pena, reflexões idênticas às de um precursor, o holandês Pierre de La Court, no seu livro de 1662: "É coisa lamentável limitar as manufaturas pelos mercados ou corpos de ofício... e ordenar de que maneira devem ser fabricadas as manufaturas que se vendem nos países estrangeiros... o comércio quer ser livre, cada mercador compra as coisas que acha melhor, e é natural que os operários façam suas obras da maneira que possam vender melhor"[21]. Assim, pouco a pouco refutam-se os argumentos do mercantilismo: arruínam-se seus princípios, mesmo que se permaneça apegado à teoria da balança geral do comércio. Como se conhecem as dificuldades de uma exata medida das importações e das exportações, propõem-se novos meios de apreciar o progresso da riqueza. O desenvolvimento do negócio internacional, a crescente atividade da marinha seriam sinais infalíveis de um saldo positivo J. Child, por seu lado, estima que os progressos da aplicação revelam seguramente do que um cálculo aduaneiro a boa saúde de uma economia. Pode assim conciliar as exigências mercantilistas e suas preocupações sociais. Para ele, os baixos salários não são mais necessários à prosperidade, pelo contrário, e o historiador inglês C. H. Wilson não teve dificuldade em mostrar sua influência na origem do movimento filantrópico inglês[22]. Mas na verdade North, Davenant, Petty e Child, seriam ainda mercantilistas? A despeito das afirmações de Brewster, que escreveu em 1702 um ensaio com o título conciliador: *O pleno emprego de toda a mão-de-obra nacional é o meio mais seguro de atrair as espécies para o reino,* muitos historiadores e economistas colocaram a questão. Enquanto Schumpter exalta Child como um precursor do *laissez-faire,* Letwin reduz a importância teórica da sua obra, e C. H. Wilson o considera ainda como um mercantilista esclarecido. Estas contradições não surpreendem, pois que jamais houve "escola mermantilista", constituída e consciente de si mesma. Esta questão de denominação e de classificação não é essencial, o pensamento econômico inglês evolui de maneira contínua. A. Smith teve precursores longínquos, e muitas pesquisas parciais prepararam, ao longo de um século fecundo, a admirável síntese contida em *A Riqueza das Nações*. A maleabilidade, o liberalismo das instituições políticas inglesas facilitaram esta evolução progressiva. As circunstâncias econômicas contribuíram igualmente para isso. O desenvolvimento do crédito, o dos meios escriturais de pagamento, a livre circulação das notas do banco da Inglaterra, a retomada dos tráficos atlânticos, a parte conseguida pela Inglaterra, graças aos tratados de Methuen (1703) e de Utrecht (1713), nas trocas com as colônias ibéricas, tudo isto acalmou a ansiedade monetária, que há mais de um século se apoderara do país como do resto da Europa.

VI. Nas origens do Liberalismo Econômico

Na história do pensamento econômico inglês, existe entretanto um momento decisivo, o anúncio de uma ruptura, é o momento em que pela primeira vez a teoria da balança comercial foi denunciada como errônea e enganadora. Mesmo antes de A. Smith, Richard Cantillon e David Hume deram o golpe mortal no mercantilismo. Existia uma contradição no cerne da doutrina. A teoria quantitativa dos preços, nascida da experiência do século XVI, não se harmonizava com a concepção mercantilista das trocas internacionais. Se o saldo positivo das trocas permite atrair o ouro e a prata, como impedir a alta dos preços provocada por este afluxo de espécies, e como conservar aos produtos nacionais sua aptidão para a concorrência. Mesmo na ausência de movimentos efetivos das espécies, como evitar que as flutuações dos câmbios corrijam os desequilíbrios e diminuam rapidamente as exportações do país credor. Os mais lúcidos mercantilistas, Thomas Mun, por exemplo, sentiram o problema mas não conseguiram resolvê-lo e integrar num só sistema variáveis concomitantes: os movimentos monetários, os câmbios, os níveis dos preços, os saldos das balanças. O banqueiro inglês Richard

Cantillon, no seu *Ensaio sobre a Natureza do Comércio em Geral,* publicado em 1755, é o primeiro a descrever de maneira ainda sumária estes mecanismos reguladores. Cantillon continua a pleitear uma política protecionista, desenvolve uma nova teoria do valor, mas sobretudo explica como a alta dos preços e os progressos do luxo que resultam da abundância das espécies devem desequilibrar a balança comercial, e como, depois de atingir o ponto mais alto de sua riqueza, um Estado está condenado a declinar. Cantillon não acredita na possibilidade de um crescimento contínuo do comércio e das manufaturas, é uma das razões pelas quais exalta a função econômica dos proprietários fundiários, e anuncia diretamente os ensinamentos de Quesnay. Há mais coerência em David Hume, que exerceu uma influência considerável sobre seu amigo A. Smith. Seus *Ensaios Econômicos* (1752) comportam ao mesmo tempo uma justificação histórica e uma refutação do mercantilismo. Mostram a importância do comércio exterior como estimulante da economia e fonte do progresso manufatureiro na Europa Ocidental. Mas expõe também com muita clareza sua concepção do equilíbrio automático das trocas. Utilizando a teoria quantitativa dos preços contra o mercantilismo, sustenta que a abundância de ouro e de prata é indiferente a um Estado, pois esta abundância provoca automaticamente uma alta dos preços, um progresso das importações e um recuo das saídas. Inversamente, uma nação que perde uma parte de seus metais preciosos vê baixar seus preços internos, e aumenta suas vendas no estrangeiro. Assim, restabelece-se o equilíbrio e estanca-se a hemorragia monetária. Hoje, esta análise muito abstrata não suscita mais a convicção dos economistas, mas desempenhou importante papel na evolução da ciência econômica. Após D. Hume, aparentemente não restam mais fundamentos às práticas do nacionalismo econômico. O caminho está livre para A. Smith, J.-B. Say e o otimismo das "harmonias econômicas".

A Inglaterra contribuíra de maneira decisiva para o nascimento desta nova ciência: a economia política. Possui neste domínio um avanço incontestável sobre a França, sua vizinha e rival comercial, onde os constrangimentos espirituais, a experiência frustrada de Law, o peso dos interesses agrários e das seguranças imobiliárias retardaram o desenvolvimento do pensamento econômico. Enquanto apareciam os *Discursos* e os *Ensaios* de Hume, J. F. Melon e Véron de Forbonnais, na França, continuavam a professar um mercantilismo ortodoxo. e semi-autárquico. Incapazes de tirar todas as lições da obra de Boisguilbert, os fisiocratas faziam a apologia do capitalismo agrário e desenvolviam, à aurora da Revolução Industrial, uma teoria paradoxal do valor e da riqueza imobiliária.

NOTAS :

(1) *Traité de l'Économie politique,* ed. Funck-Bentano, 1889, p. 142.
(2) *Op. cit.,* edição Le Branchu, Paris, 1934, p. 65.
(3) MONTCHRÉTIEN, A. de. *Op. cit.,* p. 161.
(4) SEYSSEL, C. de. *La Grande Monarchie.* Ed. Poujol, 1961, pp. 161-163.
(5) LA GOMBERDIÈRE. *Op. cit.,* p. 109.
(6) Citado por C. H. WILSON na *Cambridge economic history of Europe* (t. V, p. 518). Os próprios espanhóis não são menos convencidos das possibilidades naturais de seu país: "A Espanha, diz um deles, nunca tem necessidade, nem em tempo de guerra, nem em tempo de paz, das mercadorias estrangeiras". Pellicer de Ossau, citado por E. SILBERNER, *La guerre dans la pensée économique du XVIe au XVIIIe siècle,* Paris, 1939.
(7) Citado por E. F. HECKSCHER, *Mercantilism,* 1955, t. II, p. 281.
(8) MONTCHRÉTIEN. *Op. cit.,* pp. 137-138. A mesma opinião já se encontrava em *La monarchie aristo-démocratique* de TURQUET DE MAYERNE (R. MOUSNIER. *Revue historique,* janeiro-março, 1955).
(9) *Ibidem,* p. 21.

(10) BODIN, J. *La Réponse au paradoxe de Mr. de Malestroit.* Ed. Le Branchu, p. 117.

(11) VILAR, P. Les primitifs espagnols de la pensée économique. *Mélanges Bataillon,* pp. 261-284.

(12) "O belo metal era por si só marca de riqueza, seu brilho fugidio indicava claramente que era ao mesmo tempo presença oculta e visível assinatura de todas as riquezas do mundo!... costuma-se caracterizar o mercantilismo por um monetarismo absoluto, isto é, por uma confusão sistemática das riquezas e das espécies monetárias. De fato, não é uma identidade mais ou menos confusa que o mercantilismo instaura entre umas e outras, mas uma articulação refletida, que faz da moeda o instrumento de representação e de análise das riquezas." M. FOUCALT. *Les mots et choses.* Paris, 1966, p. 186.

(13) *Op. cit.,* p. 241.
(14) VAUBAN, *Oisivetés et Correspondance.* Ed. 1910; t. II, p. 89.

(15) "Tão logo os metais preciosos se tornam objetos de comércio, e equivalentes universais de todas as coisas, tornam-se também a medida do poderio respectivo das nações, donde o sistema mercantil." STEUART, citado por K. MARX, *Fondements de la critique de l'Économie politique,* 1967, t. I, p. 468.

(16) VERON DE FORBONNAIS, F. *Principes et observations économiques.* Ed. Guillaumin, t. IV, p. 226.

(17) *Dissertation sur la nature des richesses, de l'argent et des tributs,* ed. Daire, 1851, p. 403.

(18) DAVENANT, C. *Works,* ed. 1771, t. I, p. 338, citado por E. LIPSON, *Economic History of England,* t. III, p. 16.

(19) NORTH, D., ed. Mc. Culloch, citado por H. DENIS, *Histoire de la pensée économique,* 1967, p. 147.

(20) Citado por LIPSON, *op. cit.,* p. 19.

(21) *Op. cit.,* tradução francesa, Ratisbona, 1709, p. 53.

(22) WILSON, C. H. *The other face of mercantilism Tranactions of the royal historical society,* 1959.

SEGUNDA PARTE:

**ESTADO DA
QUESTÃO E ELEMENTOS
DO PROCESSO**

Problemas e Interpretações

I. Julgamentos contraditórios de A. Smith a E. F. Heckscher

Adam Smith tomou aos fisiocratas a expressão "sistema mercantil", deu-lhe toda a sua significação e converteu-a no símbolo de um sistema de pensamento e de administração, totalmente errôneo e odioso a seus olhos. Quesnay, no artigo "cereais" da Enciclopédia, já havia instruído o processo do mercantilismo (1757). O teórico da fisiocracia retoma aí a maior parte das críticas de Boisguilbert, censura a Colbert e a seus sucessores o terem abandonado a agricultura, e não terem pensado senão nas manufaturas e no comércio exterior. "Por um comércio de concorrência muito invulgar, quisemos prejudicar nossos vizinhos... por esta política extinguimos entre eles e nós um comércio recíproco que nos era plenamente vantajoso." Ataca assim o próprio fundamento do mercantilismo: a teoria da balança comercial; ela não permite, afirma ele, conhecer o estado do comércio e das riquezas de cada nação. Seu preconceito agrário e sua inaptidão em formular uma teoria geral do valor limitam, entretanto, o alcance de sua crítica.

O ensinamento de A. Smith é muito mais radical e mais decisivo. É de fato o primeiro a elaborar uma teoria geral e liberal do capitalismo industrial. Depois de ter estudado, nos três primeiros livros de *A Riqueza das Nações,* a teoria do valor de troca, a circulação do capital, a formação das rendas, os princípios do desenvolvimento econômico das diferentes nações, A. Smith consagra o livro IV a combater o "sistema mercantil". Todas as intervenções do governo na vida econômica desviam, segundo ele, os capitais do emprego mais produtivo, para o qual seriam espontaneamente dirigidos. Os regulamentos mercantis têm por objetivo o progresso das manufaturas, "não aperfeiçoando-as, mas enfraquecendo as de nossos vizinhos"[1]. Assim, o interesse dos consumidores e da coletividade foi sacrificado ao interesse egoísta dos produtores. "Os principais arquitetos do sistema foram nossos mercadores e nossos manufatureiros." Nascido do espírito de monopólio, o mercantilismo manteve situações abusivas. Os privilégios de manufaturas são tão condenáveis quanto o exclusivismo colonial: "O monopólio eleva a taxa do lucro e aumenta deste modo o ganho de nossos mercadores. Mas como ele prejudica o crescimento natural dos capitais, tende mais a diminuir que a aumentar a massa total dos rendimentos, que os habitantes do país recolhem... para favorecer os interesses de uma pequena classe de homens num só país, fere os interesses de todas as outras classes neste país e os de todos os homens nos outros países"[2]. Seguindo A. Smith, toda escola clássica considerou este sistema como nefasto e absurdo, denunciou suas confusões a propósito da riqueza e das moedas, sua obsessão da balança do comércio, o caráter unilateral de sua regulamentação, exclusivamente favorável aos poderosos e aos ricos.

O mercantilismo, enquanto doutrina econômica, esperou muito tempo sua reabilitação. Seus primeiros advogados foram historiadores e economistas alemães. Numa Alemanha que se industrializava rapidamente, atrás das barreiras aduaneiras do Zollverein, estas defesas não nos surpreendem. Em 1841, o *Sistema de Economia Política,* de Frédéric List, denuncia na livre-troca uma expressão teórica do egoísmo comercial inglês. List justifica, reclama a intervenção do Estado para assegurar a cada nação seu direito à industrialização e à prosperidade. Para Von Heyking, autor de uma *História da*

Teoria da Balança do Comércio (1880), e para G. Schmoller que estudou a política econômica de Frederico II, antes de redigir um *Ensaio sobre a Significação Histórica do Mercantilismo* (1884), o mercantilismo é um elemento essencial do processo de unificação nacional, uma etapa na constituição, ao serviço da nação, de uma economia e de um Estado. Schmoller não hesita mesmo em utilizar a história por conta de um nacionalismo desconfiado: "Seus ideais não significam outra coisa senão a luta enérgica para a criação de uma sólida economia nacional, afirmam a confiança da Alemanha no seu futuro, sua vontade de sacudir toda independência econômica frente ao estrangeiro, e o esforço de todo o país no caminho da autarquia"[3]. Vamos encontrar as mesmas idéias nos trabalhos que o historiador inglês W. Cunningham consagrou à história da indústria e do comércio britânicos. O imperialismo colonial, a renovação do protecionismo aduaneiro, sob o efeito da depressão econômica, que grassou de 1873 a 1896, justificavam esta recrudescência de interesse para as doutrinas e políticas antigas. Os fracassos da livre-troca restabeleciam o prestígio daqueles que A. Smith, J.-B. Say, e Ricardo tanto haviam atacado. Isso foi mais verdadeiro ainda após 1918. O desaparecimento do sistema do padrão-ouro e dos mecanismos auto-reguladores que ele permitia, o renascimento das pretensões autárcicas contribuíram para multiplicar as obras consagradas a este tema. É a época em que Morini Comby e Boissonnade justificam ou exaltam Colbert, é a época em que E. Lipson intitula os tomos 2 e 3 de sua *História Econômica da Inglaterra,* "A Idade do Mercantilismo", é sobretudo o momento em que, em plena depressão econômica mundial, E. F. Heckscher publica em sueco, depois em alemão, sua grande obra *O Mercantilismo* (1931-1932). Para ele o mercantilismo é, antes de tudo, um "sistema de poder", e uma política de unificação nacional. A preocupação pelo Estado está no âmago mesmo do esforço mercantilista. O Estado é ao mesmo tempo objeto e sujeito desta política. Descreve as tentativas feitas, do século XVI ao século XVIII, em cada monarquia européia, para acabar com os particularismos, as fragmentações aduaneira, metrológica ou monetária. O populacionismo dos mercantilistas, sua vontade de assegurar a auto-subsistência da economia nacional, sua vontade de entesouramento monetário respondem, segundo ele, a preocupações políticas. Enumera as inúmeras medidas relativas à fabricação de pólvoras, de armas e à construção marítima, que são decisões estratégicas e militares. A proteção da produção nacional, as tarifas aduaneiras, as proibições, as regulamentações monetárias lhe parecem ser os meios de uma política de unificação e de poder. Por traz do arsenal das medidas legislativas e dos modelos habituais da literatura administrativa, descobre uma nova concepção da sociedade, uma laicização relativa de sua finalidade. Neste domínio, como no da unificação do mercado nacional, foram a revolução burguesa e o liberalismo que completaram, segundo ele, a obra empreendida e deixada inacabada. Assim, Heckscher presta homenagem ao mercantilismo, mas sublinhando seus limites. Celebra a coerência política da doutrina, a vontade que a anima, a justa escolha de seus objetivos, mas mostra a debilidade de seus meios e a insuficiência de seus resultados. Contrariamente a Schmoller e Cunningham, ele tem em pequena conta a ciência dos mercantilistas. Para Heckscher, admirador da economia liberal e de seus teóricos, os homens do Antigo Regime nada compreendiam dos mecanismos econômicos, e sua ignorância os impediu de atingir os fins legítimos que haviam colimado. As opiniões filosóficas de Heckscher explicam igualmente um aspecto mais curioso de seu grande livro. Como rejeita todo determinismo econômico, Heckscher ignora as influências que as circunstâncias, as flutuações da conjuntura, os interesses das classes e dos grupos sociais podem ter exercido sobre o desenvolvimento das doutrinas, e negligencia igualmente em nos dizer os resultados das políticas mercantilistas sobre o volume das produções e dos tráficos, sobre os equilíbrios e os movimentos sociais. É nestas duas direções que os historiadores, depois dele, tentaram aprofundar nossos conhecimentos e guiar nossas reflexões.

II. Pontos de vista novos

Os progressos da história econômica e quantitativa desde 1931 revelaram a importância de fatos que Heckscher ignorara ou negligenciara. Foi, nós o vimos, no fogo das polêmicas monetárias, nascidas da crise de 1620, que Thomas Mun precisou sua teoria do comércio exterior; foi o debate sobre as trocas franco-inglesas e o comércio das Índias Orientais que permitiu substituir a noção estreita da balança bilateral pela noção de balança geral do comércio. Do mesmo modo, quando se examina a evolução das taxas aduaneiras sobre os têxteis importados pela França, constata-se que o aumento das tarifas é imediatamente posterior ao desencadeamento da longa crise manufatureira da metade do século XVII. Após a derrocada da produção em Reims, Amiens e Beauvais é que a tarifa de 15 de junho de 1644 duplicou ou quase os direitos sobre os tecidos provenientes da Inglaterra ou da Holanda. As teses, os argumentos do mercantilismo são bem anteriores à depressão semi-secular do século XVII, mas as dificuldades que assaltam a economia da maioria dos Estados após 1620-1630 excitaram a reflexão, multiplicaram os projetos, reforçaram a idéia da intervenção necessária do Estado. As preocupações financeiras, o temor das perturbações da miséria e do desemprego prepararam os governos para escutar estas proposições. Reeditando seus *Ensaios de Moral e de Política,* em 1625 e logo após uma crise comercial excepcional, Francis Bacon introduziu novas observações sobre as sedições: "Se a pobreza da nobreza e a alienação de seus domínios se acrescentam à indigência do povo miúdo, o perigo é iminente, pois as rebeliões do ventre são as mais temíveis, .. o melhor remédio é suprimir por todos os meios estas causas materiais da sedição... para o que contribuem o desenvolvimento do negócio e o bom equilíbrio da balança do comércio, a proteção das manufaturas, e a repressão da ociosidade"[4].

Não estamos, naturalmente, surpresos em constatar que a literatura e a política econômicas foram profundamente marcadas, ontem como hoje, pelas peripécias da conjuntura, mas importa-nos também mostrar que as pretensas obsessões dos mercantilistas correspondiam a realidades de seu tempo, e que elas encontravam aí um começo de justificação. É a legitimidade, a necessidade histórica do mercantilismo, que precisamos defender agora.

O débil desenvolvimento do crédito, a ausência de sistema bancário tornavam indispensável, nos séculos XVI e XVII, o recurso às moedas metálicas. No comércio interno a troca, as compensações por simples comparações dos livros de comércio, não podiam dispensar o recurso ao ouro e à prata, para regular periodicamente os saldos. Com efeito, não existia na França, nenhum banco de depósito, comparável aos bancos holandeses, e capaz de efetuar por compensação de conta a conta todas as operações do comércio, e até o fim do século XVII, a circulação interna das letras de câmbio tardou a se generalizar. Ainda era em metais preciosos, "em boas espécies" que se devia pagar os impostos do rei, e seus recebedores recusavam, mesmo dos mais pobres, as moedas de cobre ou de bilhão. A empresa militar e a diplomacia não podiam abster-se do ouro e da prata, nervos da guerra e fonte de todo poder. No negócio internacional, havia muito tempo, sem dúvida, que circulavam, entre Londres, Veneza, Sevilha, Lyon, Paris, Antuérpia, Amsterdã letras de câmbio, mas tampouco aí era possível abster-se de importantes estoques de metais preciosos. O historiador inglês C. H. Wilson mostrou que a ausência de sistema internacional de crédito embaraçava ainda, no fim do século XVII, o regulamento multilateral das trocas[5]. Uma balança global excedentária podia comportar setores particulares, para os quais os regulamentos eram difíceis e o papel de câmbio, raro. Em vastas regiões, como o Báltico e a Rússia, a troca continuava sendo uma forma normal do grande comércio; em outras, como o Levante, as trocas com a Europa Ocidental só encontravam seu equilíbrio ao preço de abundantes exportações de espécies. Nestas condições, era muito difícil e perigoso negligenciar o problema das moedas preciosas e contar com mecanismos reguladores, falseados em toda parte pelas mutações monetárias, pelas proibições e pela instabilidade das paridades entre o ouro e a prata. As crises de origem agrícola ou comercial lembravam periodicamente aos que seriam tentados a esquecê-lo a importância dos estoques metálicos. Nascida no mais das vezes de um grave *déficit* das colheitas, a crise acarretava não só a carestia dos víveres, a penúria, a paralisação das manufaturas, mas também uma paralisia de todo o sistema de crédito. A prata necessária às compras longínquas de cereais, aquela que se entesourava entre os particulares faltavam aos negócios, e sob o efeito da carestia e da penúria, a taxa de juros continuava a aumentar, em plena crise! Assim se explicariam estas queixas inumeráveis, recolhidas em todos os países da Europa, sobre a "raridade" ou o "retraimento" das espécies. De uma maneira permanente, e em razão do desenvolvimento insuficiente das moedas fiduciárias e escriturais, os metais preciosos em circulação não podiam satisfazer convenientemente às necessidades das trocas; as incessantes mutações monetárias, as desvalorizações da moeda corrente, as cunhagens de bilhão o testemunham. Certos historiadores acham mesmo que a diminuição da produção mineira americana no século XVII pode ter mantido e encorajado reflexos, incontestavelmente mais antigos, assim como a crise dos tráficos e das manufaturas pode ter dado justificações suplementares à guerra de comércio.

Mas, para além da explicação histórica pelo meio e pelas circunstâncias, faltava provar em ciência econômica a eficácia ao menos relativa das políticas mercantilistas. Era isto que negavam, é claro, os teóricos liberais, que ironizavam voluntariamente sobre as ignorâncias de seus predecessores. Sublinhavam as contradições entre o dogma do equilíbrio das balanças e a interpretação quantitativa do movimento dos preços. A reabilitação do mercantilismo no tribunal dos economistas parecia, portanto, difícil, e para advogar um tal processo, era preciso nada menos que um talento excepcional. Foi J. M. Keynes quem aceitou esta verdadeira aposta. Consagrou o capítulo XXIII da sua *Teoria Geral do Emprego, do Juro e da Moeda* (1936) a justificar o mercantilismo. Deixemo-lo falar, pois não é possível ser mais claro e mais eloqüente: "Num tempo em que as autoridades não podiam agir diretamente sobre a taxa de juro interna, nem sobre os motivos que a governavam, as entradas de metais preciosos, resultantes de uma balança favorável, eram os únicos meios indiretos de baixar a taxa de juro interno, isto é, de aumentar a incitação a realizar investimentos... havia também sabedoria na vontade dos mercantilistas em manter uma débil taxa de juro, pelas leis contra a usura, pela defesa do estoque monetário e pela luta contra a alta da unidade de salário"[6]. Infelizmente, a interpretação de Keynes é apenas uma reconstituição *a posteriori,* um jogo abstrato do espírito. Nenhum teórico mercantilista desenvolveu esta argumentação, muitos a contradisseram parcialmente, mas é verdade que alguns entre os mais lúcidos, J. Child e W. Petty, por exemplo, compreenderam a relação entre os volumes monetários e os juros do dinheiro e pleitearam um abaixamento desta taxa de juros. Outros ainda mostraram que o luxo podia animar as trocas e encorajar a produção. O próprio Colbert, sem atingir uma perfeita compreensão do fenômeno, lutou pelo crédito e pelo dinheiro baratos. Não temos como prova senão os considerandos do edito, registrado no Parlamento a 22 de dezembro de 1665, e reduzindo ao dinheiro 18 as constituições de renda: "O comércio, as manufaturas e a agricultura são os meios mais aptos, mais seguros e mais legítimos para introduzir a abundância em nosso reino... Todavia, considerando que os grandes juros que o câmbio e o recâmbio da prata produzem e os lucros excessivos proporcionados pelas constituições de renda podem servir de ocasião à ociosidade e impedir nossos súditos de se dedicarem ao comércio, às manufaturas e à agricultura, e além disso, o valor da prata está muito diminuído pela quantidade que provém e das Índias e que se espalha em nossos Estados, estimamos necessário diminuir igualmente o lucro... querendo assim facilitar a nossos súditos os meios de reparar os desgastes, ruínas, que sofreram nas últimas guerras, nas suas casas e bens, no decorrer de uma longa guerra, trazendo uma moderação aos juros das somas que eles poderão ser obrigados a emprestar para valorizá-las".

Assim, mesmo que a demonstração de Keynes seja um pouco teórica e forçada, tem o mérito de chamar a atenção para alguns fatos essenciais. Numa economia, onde subsistiam permanentemente uma mão-de-obra e recursos não empregados, um aumento das espécies em circulação podia animar a produção, sei elevar os preços, e muitos mercantilistas, o próprio Colbert, compreendiam confusamente que a verdadeira vantagem de uma moeda mais abundante era acelerar o comércio e multiplicar as transações. Numa economia onde a maior parte das empresas utilizava muito capital circulante, e muito pouco capital fixo, seria tão irracional considerar a prata ao mesmo tempo como capital e como moeda? Enfim, o comércio exterior não era, nesta sociedade pré-industrial, um meio essencial de acumulação e um estimulante eficaz do espírito de empresa.

III. Resultados e significação do Mercantilismo

Freqüentemente nos faltam estatísticas para fazermos um juízo objetivo das políticas mercantilistas. Conclui-se, um pouco apressadamente, aqui e ali, pelo fracasso da administração colbertista. Em setores tão importantes quanto a manufatura lanífera da Picardia ou do Languedoc, ela contribuiu para os progressos da produção, para a introdução de novas fabricações, votadas a um brilhante futuro, e para a retomada das exportações. É provável que as companhias de colonização e de comércio tenham fracassado em sua maioria, mas ainda esperamos os estudos que permitirão apreciar as conseqüências duradouras, para o comércio exterior, do esforço empreendido em matéria de construção marítima. O dossiê do mercantilismo francês, de Henrique IV a Luís XV, merece certamente um suplemento de informação, o do vizinho de além-Mancha pede, desde já, um julgamento favorável. A despeito da conjuntura econômica muitas vezes difícil, da aspereza das concorrências internacionais, a Inglaterra prosseguiu, do fim do século XVI a 1750 seus progressos agrícolas, manufatureiros e marítimos, pôde alimentar, melhor sem dúvida que qualquer outro país europeu, uma população que ao mesmo tempo continuava a crescer. O sistema mercantilista inglês graças ao equilíbrio complexo, instituído pelas *corn laws,* pelos Atos de Navegação e pelas medidas de proteção aduaneira, manteve em condições difíceis um crescimento que se nutria, no século anterior, da inflação dos preços e que iria a partir da metade do século seguinte apoiar-se em inovações técnicas sem precedentes. É difícil invocar outros testemunhos. Poucos Estados europeus gozaram das condições políticas indispensáveis ao prosseguimento de uma intervenção econômica que pressupõe continuidade e lucidez do poder; poucos Estados se encontraram nesta situação de equilíbrio social e político que permitia conciliar os interesses muitas vezes antagônicos dos meios agrários e da burguesia de negócios. Seria preciso evocar as empresas do despotismo esclarecido, ou a dos Estados Unidos no início do século XIX mas elas intervêm numa conjuntura e num clima ideológico totalmente diferentes. Posto que o sucesso das doutrinas mercantilistas coincide incontestavelmente com um período de desenvolvimento para certos países da Europa Ocidental, ser-nos-á permitido tomar à história comparativa um último ensinamento? Nos países do Terceiro Mundo, que procuram atualmente escapar à estagnação econômica e à miséria, constata-se, assim como na Europa clássica, que numerosas despesas de infra-estrutura competem ao Estado, e que uma jovem industrialização reclama uma proteção aduaneira e uma limitação da influência estrangeira. O mercantilismo pertence à história dos Estados em vias de emancipação econômica, é a política dos que se libertam, nos séculos XV e XVI, da dominação comercial da Itália e dos Países Baixos, dos que combatem no século XVII a das Províncias Unidas, depois no século seguinte a da França e da Inglaterra, é um momento do desenvolvimento nacional dos diferentes povos europeus. Mas é impossível reduzir o mercantilismo à sua única dimensão econômica. Ele também comporta uma significação social, religiosa e assinala um marco na história do pensamento científico.

É difícil encontrar na literatura mercantilista uma preocupação pelos infelizes, e uma filosofia da felicidade terrena para a maioria. Isto não surpreende numa Europa marcada pela intransigência de duas reformas, católica e protestante, e num século freqüentemente inspirado por uma austera teoria do pecado e da graça. Em toda a Europa Ocidental, a regulamentação da vadiagem e da mendicância, a organização da assistência social se afastam rapidamente da generosidade de seus iniciadores, e estas instituições se revestem cada vez mais de um caráter impessoal e policial, a preocupação da ordem pública predominando sobre a caridade cristã. As leis inglesas da época de Henrique VIII e de Elizabeth prevêem a pena de morte para os mendigos reincidentes. Os estatutos e os atos de 1536, 1576, 1597 e 1601, estabelecem uma imposição local universal para permitir a assistência aos pobres; seu produto financia a compra de cânhamo, de linho, de lã, que são entregues aos indigentes para serem trabalhados. Em certos casos, a administração paroquial aluga diretamente os desempregados aos manufatureiros; em outros casos estabelecem-se casas de força ou de trabalho, chamadas *work-houses,* onde os pobres são internados e sujeitados aos trabalhos têxteis. Quanto aos vagabundos recalcitrantes e incorrigíveis, erigem-se para eles verdadeiras prisões, chamadas casas de correção. Existe também, na Inglaterra de Elizabeth e dos dois primeiros Stuarts, um sistema público de fixação dos salários, mas os juízes de paz instauram de fato, na maioria dos condados, um máximo que deixa as remunerações muito aquém dos preços alimentícios e industriais. Toda esta legislação, notável para a época, contribui para disciplinar a jovem mão-de-obra, oriunda dos vilarejos em plena mutação imobiliária, e fornece aos tecelões operários baratíssimos.

A monarquia francesa também se preocupa, na mesma época, com os vagabundos e indigentes; são muito numerosos às portas da cidade, nos subúrbios e nas grandes estradas. Teme-se-lhes, eles trazem consigo os germes da sedição e da epidemia. Pouco a pouco, a mendicidade se torna um crime de Estado. As ordenanças de 1680, 1685, 1700 condenam às galés os vagabundos sem domicílio e os mendigos reincidentes; para as mulheres, a lei prevê o ferrete, o banimento e o chicote. Aos filhos de camponeses expulsos de suas terras pela superpopulação, pelas cercas ou pela guerra os regulamentos de manufatura procuram dar um novo sentido da disciplina. O trabalho industrial não mais tolera as fantasias e as liberdades do trabalho dos campos. Os regulamentos fixam os horários, as multas por atraso e por erros profissionais. O regime da manufatura Van Robais evoca um pouco o de uma caserna ou de um convento. Em 1667, os escabinos de Lyon organizam o trabalho da manufatura de meias de seda no ofício: preces em comum de manhã e à tarde, trabalho das 4 horas às 20 horas ou das 6 horas às 22 horas, com 2 horas e meia de interrupção para as refeições, proibição de blasfemar, de fumar, de freqüentar as tavernas. O regulamento da manufatura lanífera de Amiens, redigido em 1666, dispõe "que nenhum mestre tomará um operário que venha de outro mestre para trabalhar em sua casa, se não souber se o primeiro mestre está satisfeito com o operário". Já é a idéia da caderneta de operário, e é preciso reconhecer que a regulamentação mercantilista do emprego retira a todos os artesãos que não pertencem a uma comunidade de ofício e a todos os companheiros o meio de discutir seus salários e suas condições de trabalho. É também verdade que a mesma política tende a multiplicar as possibilidades de emprego e vimos que já no início do século XVIII alguns teóricos ingleses, Child, Davenant, Brewster consideram o volume de emprego como o barômetro mais seguro da prosperidade.

Em proveito dos manufatureiros, o mercantilismo esboçou um serviço nacional e obrigatório do trabalho; concede-lhes ainda monopólios e subvenções, suscitando o aparecimento do empresário moderno, lá onde as comunidades de ofício mantinham a rotina e a estagnação. Suas duas preocupações essenciais, o poder e a riqueza, correspondem bem ao caráter complexo dos Estados e das monarquias européias, entre o Renascimento e a Revolução de 1789. O absolutismo francês favorece as empresas dos mercadores e dos manufatureiros, mas utiliza uma parte de seus recursos desenvolvidos para manter uma corte e um exército, ainda largamente aristocrático, e uma administração cara de togados e de semi-ociosos. A monarquia inglesa, por seu lado, concilia bem ou mal, e antes bem, os interesses da propriedade judiciária e do negócio, e A. Smith, não sem severidade, se diverte em descrever o sistema mercantil como o resultado de uma associação entre príncipes, nobres e proprietários de terras, que nada entendiam do comércio, e comerciantes que nada entendiam da política. Poder-se-iam discernir os mesmos equívocos na prática do despotismo esclarecido. Mas, para além desta significação de classe, o mercantilismo traduz ainda uma certa laicização da vida social. Por sua concepção do comércio internacional e do interesse do Estado, o mercantilismo é amoral e a-religioso, estende o domínio de aplicação do mais frio dos maquiavelismos. Considera a atividade econômica unicamente como uma fonte de riqueza e de poder e despoja as relações entre os indivíduos de todo idealismo cristão. Ignora a noção do justo preço, combate o que perdura da interdição medieval do empréstimo a juros. Assim, Colbert, no momento da redação do seu código de comércio, tenta vencer a oposição dos teólogos e doutores da Sorbonne, que continuavam a afirmar a esterilidade da prata e condenavam a circulação interna das letras de câmbio e dos bilhetes de comércio, em razão dos juros antecipados que comportava. O mercantilismo ignora ou negligencia, na escolha de seus objetivos e de seus meios, as preocupações religiosas. O mesmo Colbert se irrita com o grande número de monges ociosos: seus representantes no Canadá encorajam o comércio das aguardentes, a despeito da oposição e dos escrúpulos dos padres jesuítas. Desafiando a intransigência das Assembléias do Clero da França, poupa os protestantes, não por espírito de tolerância, mas porque eles animam o negócio e o artesanato de certas províncias. Os mesmos cálculos valem aos judeus a proteção dos príncipes alemães do século XVIII, e aos jesuítas a hospitalidade irônica de Frederico II.

Freqüentemente encontram-se, na literatura mercantilista, comparações tomadas à anatomia e à fisiologia do corpo humano. As espécies monetárias são o sangue, cuja circulação dá a vida a todo organismo, e as diferentes classes ou ordens da sociedade são os membros do Leviatã. Estas analogias preparam o despertar do pensamento científico. O estudo das leis no domínio dos fenômenos naturais prepara a busca das causalidades na ordem social. O mercantilismo representa muito bem o primeiro esboço de uma ciência das sociedades. Apoiando-se sobre os metais preciosos, medidas e veículos de todos os valores de troca, o pensamento clássico tenta elaborar uma física e uma representação algébrica da riqueza.

Aspecto de um momento da ciência e da história, o mercantilismo envelheceu rapidamente ao ritmo do século XVIII europeu. A redução do papel dos metais preciosos nas trocas internas, o desenvolvimento do papel-moeda condenou-o enquanto sistema econômico, ao passo que a ideologia das "luzes" denunciava o egoísmo da razão estatal.

Quase dois anos após a sentença teatral dada por A. Smith, o problema da sobrevivência do mercantilismo permanece, entretanto, em questão. Foi preciso constatar já no fim do século XIX um renascimento do protecionismo aduaneiro, e sobretudo a experiência provou, desde o fim da Primeira Guerra Mundial, a insuficiência das teorias liberais dos custos comparados, da divisão internacional do trabalho e do equilíbrio das balanças de pagamento. Grandes Estados, a Inglaterra em particular, viram sua balança obstinar-se no *deficit,* as relações entre os países desenvolvidos e o Terceiro Mundo não conseguiram equilibrar-se, em razão da deterioração dos "termos da troca". Os Estados nacionais tiveram de proceder novamente a múltiplas intervenções sobre o mercado dos câmbios, e combater pela saturação das despesas públicas as ameaças de crise. Sob o efeito destes acontecimentos, a teoria quantitativa da moeda e a do equilíbrio automático das balanças, que lhe está ligada, foram cada vez mais severamente criticadas, e a escola keynesiana, tanto quanto a escola marxista, rejeitaram a concepção liberal das trocas internacionais. Pode-se, portanto, falar de um neomercantilismo? Não o pensamos. O próprio Keynes, que quis reabilitar ou pelo menos justificar historicamente as doutrinas de Mun, de Child e de seus contemporâneos, era violentamente antimetalista, e reprovava o sistema do padrão-ouro. Via nele a causa econômica das guerras: "Numa economia submissa a contratos redigidos em moeda... e onde o estoque de moeda e a taxa de juros interna dependem sobretudo da balança dos pagamentos, como era o caso antes da guerra, as autoridades têm a sua disposição um único meio de luta contra o desemprego, é criar um excedente de exportação e importar o metal monetário... Jamais, no curso da história, se inventou um sistema mais eficaz que o do padrão-ouro, para suscitar os interesses das diferentes nações umas contra as outras"[7]. Portanto, Keynes pensou e esperou que o desaparecimento do padrão-ouro poria fim às rivalidades econômicas e à luta pelos mercados. Sua argumentação, cientificamente muito discutível, mostra em todo caso a distância que separa todas as teorias do mercantilismo e a monarquia absolutista do imperialismo contemporâneo; partindo de uma análise vizinha à dos mercantilistas, Keynes é forçado a tirar conclusões inversas para o século XX. Esta é, entre outras, uma das razões pelas quais parece preferível limitar o uso do conceito de mercantilismo, a fim de não misturar as noções e as definições claras, necessárias à história econômica como a qualquer outra ciência. Convém, portanto, atribuir ao mercantilismo uma significação teórica e histórica precisa. É a doutrina e a prática econômicas dos Estados nacionais no período que vai do século XV ao século XVIII. Procura assegurar um excedente das exportações em bens e em serviços sobre as importações, porque este é o único meio para um país desprovido de minerais argentífero e aurífero de atrair os metais preciosos, indispensáveis à prosperidade da nação e ao poder do Estado. É uma etapa histórica do desenvolvimento das economias nacionais, na época do capitalismo comercial. Marx evoca o tempo da acumulação primitiva do capital e da manufatura. "A economia política, diz ele, não toma lugar de ciência particular senão com o período manufatureiro." Segundo ele, a manufatura é a forma característica do modo de produção capitalista, da metade do século XVI ao início da Revolução Industrial. Seus progressos são facilitados pela expansão do mercado mundial e pelo sistema colonial. Permite, graças à divisão do trabalho ou à exploração do trabalhador avulso, diminuir o preço de custo das mercadorias, e acelera a acumulação do capital. Com menor precisão e menor profundidade, Rostow também vê no período mercantilista e manufatureiro a preparação do "arranque". "É na Europa Ocidental, no fim do século XVII e no início do XVIII, que começam a se criar de maneira indiscutível as condições prévias ao 'arranque', à medida que as conquistas da ciência geravam novas funções de produção, e enquanto que a expansão dos mercados mundiais e a concorrência internacional, de que eram o prêmio, imprimiam um novo dinamismo à economia"[8]. Para além das oposições teóricas fundamentais, destaquemos estes pontos de convergência. Entre a Idade Média e a época contemporânea, o mercantilismo prepara realmente o advento do capitalismo e da indústria modernos.

Da Idade Média, ele conserva uma crença quase religiosa no total poder do ouro e a concepção de um universo estático, onde cada reino não pode prosperar senão a expensas de seus vizinhos. Mas renega o internacionalismo cristão, e anuncia, por seu voluntarismo, as conquistas da economia contemporânea. Não é ainda uma ciência, mas já um sistema independente de toda moral religiosa, que trata das coisas econômicas com objetividade e o desprendimento de um naturalista. O mercantilismo já evoca, por suas ambições, o dinamismo das sociedades industriais. Não possui nem seus meios técnicos, nem a energia coletiva, liberada pelas revoluções burguesas, mas contribui para o nascimento de seu ambicioso desígnio.

NOTAS :

(1) SMITH, A. *La richesse des nations*. Trad. francesa, 1859, pp. 463-464.
(2) *Ibidem*, p. 402.
(3) SCHMOLLER, G. *The mercantile system and its signification*. New York, 1931, p. 59; citado por D. G. Coleman, *Scadinaviam Economic History Review*, 1957.
(4) Citado por R. W. K. HINTON, The mercantile system in the times of Th. Mun, *Economic History Review*, 1955, p. 277.
(5) WILSON, C. H. *Treasure and Trade Balance. Economic History Review*, 1949.
(6) KEYNES, J. M. *Théorie générale*. Trad. francesa, 1942, pp. 349 e 353.
(7) KEYNES, *Théorie générale...*, p. 362.
(8) ROSTOW, W. W. *Les étapes de la croissance économique*. Paris, 1963, p. 18.

DOCUMENTOS E TESTEMUNHOS

Práticas e Teorias Antigas do Mercantilismo

1. Obsessão bulionista e política aduaneira.
2. Relatório da comissão sobre a tecelagem ao Conselho privado.
3. A necessidade de ser poderoso no mar e o papel das grandes companhias de comércio, segundo o Cardeal Richelieu.
4. O Ato de Navegação inglês de 1660.
5. Privilégio concedido ao senhor Guichard para a manufatura dos *basins* de Saint-Quentin.
6. Instrução geral para a execução dos regulamentos gerais das manufaturas e tinturarias, 1670.
7. As importações "inúteis" e a proteção do trabalho nacional.
8. Ambições e ilusões mercantilistas.
9. O Mercantilismo segundo Colbert.
10. Finanças reais e prosperidade do reino, a guerra de prata.
11. A oposição a Colbert.
12. As objeções de D. Hume.
13. A opinião de Turgot.

Problemas e Interpretações

14. O julgamento de A. Smith sobre o mercantilismo.
15. O julgamento do J.-B. Say.
16. Os méritos do sistema industrial, impropriamente chamado sistema mercantil segundo F. List.
17. A manufatura, o protecionismo e o mercado exterior segundo Marx.
18. Algumas conclusões de E. F. Hackscher.
19. O julgamento de um grande historiador inglês contemporâneo.
20. Nas origens do protecionismo (gráficos).
21. Duas das causas da contração do século XVII (gráficos).
22. Um exemplo das contradições da historiografia: Colbert.
23. O panegírico.
24. O enfoque de um historiador contemporâneo.

Documento 1:

OBSESSÃO BULIONISTA E POLÍTICA ADUANEIRA

....

Logo que pela assistência e bondade infinita de Deus, nós estabelecemos a paz e o repouso neste reino, e banimos dele todas as sortes de guerras e sedições, nosso principal cuidado e solicitude foi repugnar o mais que nos seria possível os abusos e desordens que a licença das guerras havia tolerado e feito insinuar-se no espírito de nossos súditos, e trazer os remédios necessários e convenientes, tanto para os males que estavam presentes, quanto para aqueles que a prudência humana previa deverem acontecer. Entre os quais, nenhum de nós apreendemos tanto quanto aquele que proviria da raridade e penúria de ouro e de prata, tanto por causa da extrema diminuição do tráfico e comércio quanto do grande transporte que se fazia de nossas melhores moedas às províncias estrangeiras, o que, tendo muitas vezes considerado, e tido o parecer de nosso conselho e corte das moedas, teríamos praticado todos os expedientes que se nos tivessem representado e estimado úteis para prevenir um tal inconveniente tão temido, seja proibindo a entrada das manufaturas estrangeiras, favorecendo a das mercadorias cruas, seja desobrigando, tanto quanto a necessidade de nossos negócios o pudesse permitir, a saída de nossas faturas. Considerando também que é necessário facilitar os gêneros e mercadorias que se vendem neste nosso reino: a fim de convidar pela irrisoriedade de seu preço todas as espécies de pessoas a virem comprá-las, seja renovando as antigas disposições sobre o fato dos transportes, de ouro e de prata acrescentando-lhes ainda outras mais rigorosas, seja proibindo a exposição de todas as moedas estrangeiras, e reduzindo o preço das nossas a uma justa proporção, seguindo o edito de 1577, como foi feito por nossas cartas de declaração de 24 de maio de 1601.

....
E porque os transportes de nossas moedas e materiais de ouro e de prata fora de nosso reino pelos bilhoneiros, prejudicam grandemente o bem público do mesmo: nós, consoante as antigas disposições, temos novamente interditado e proibido, interditamos e proibimos o transporte de todas as moedas e materiais de ouro, de prata e bilhão, fora do nosso dito reino sob pena de morte, e de confisco de todas as outras mercadorias que se encontrarem juntamente embaladas: mesmo os carretos e cavalos que os conduzirão, seja a quem for que possam pertencer, e a nossos tenentes gerais das províncias, capitães de nossas cidades fronteiriças, portos e ancoradouros e todos os outros, de dar para este efeito nenhuma licença ou permissão por qualquer causa que seja, qualquer requisição que lhes seja feita por mercadores ou outros de qualquer qualidade que sejam. Estando-nos especialmente reservada a autoridade de conceder os ditos passaportes e permissões quando for o caso, e não a outros, sob pena de crime de lesa-majestade...

(Edito sobre as moedas, setembro de 1602, ISAMBERT, *Recueil général des anciennes lois françaises,* t. XV, pp. 280 e ss.)

Documento 2:
RELATÓRIO DA COMISSÃO SOBRE A TECELAGEM AO CONSELHO PRIVADO, 22 DE JUNHO DE 1622.

Tendo recebido instruções para examinar as verdadeiras razões do declínio de nossas vendas de tecidos no estrangeiro, e os melhores remédios para esta situação, aplicamo-nos a observar vossas ordens e tivemos numerosas conferências a este respeito com os "Mercadores aventureiros" e os mercadores de outras companhias, com os gentis-homens dintinguidos de vários condados deste reino, com os manufatureiros de vários distritos têxteis, com os oficiais das Aduanas do porto de Londres, e os tecelões e tintureiros desta cidade...
Os remédios que humildemente propomos são os seguintes: Para impedir a fabricação no estrangeiro, que seja proibido sob as penas mais severas exportar da Inglaterra, da Irlanda e da Escócia lã dos tosões, greda e cinzas de madeira... para impedir as fabricações e as tinturas fraudulentas e de má qualidade, que seja editado um regulamento claro... que em cada condado seja constituída uma corporação das pessoas mais abastadas e mais competentes para controlar a boa e leal fabricação, tintura e preparação dos tecidos e outros estofos... que para aliviar os direitos que pesam sobre nossos tecidos exportados, Sua Majestade seja humildemente solicitada a negociar com a arquiduquesa dos Países Baixos e dos Estados Gerais... No que concerne à raridade das espécies no reino, que se cuide de impedir o transporte de nossas moedas, e que os contraventores sejam severamente punidos...
Mas sobretudo que seja remediado o *déficit* de nosso comér-

cio exterior, porque se as importações de vaidade e de luxo prevalecem sobre as exportações de nossos produtos, as reservas deste reino serão desperdiçadas, pois, será preciso exportar espécies para restabelecer o equilíbrio.

(Segundo G. D. RAMSAY, *The wiltshire woollen industry*. Londres, 1965, pp. 147 e ss.)

Documento 3:
A NECESSIDADE DE SER PODEROSO NO MAR E O PAPEL DAS GRANDES COMPANHIAS DE COMÉRCIO, SEGUNDO O CARDEAL RICHELIEU (1627).

Este grande conhecimento que o cardeal amealhou do mar fez que ele representasse na assembléia dos notáveis que então se efetuava, várias proposições necessárias, úteis e gloriosas; não tanto para recolocar na França a marinha em sua primeira dignidade quanto, pela marinha, a França em seu antigo esplendor. Mostrou-lhes que a Espanha não é temida e não estendeu sua monarquia ao Levante e não recebe riquezas do Ocidente senão por seu poderio no mar; que o pequeno Estado de MM. dos Estados dos Países Baixos não opõe resistência a este grande reino senão por este meio, que a Inglaterra não supre o que lhe falta e não é considerável senão por esta via; que este reino, estando destituído como está, de todas as forças de mar, é impunemente ofendido por nossos vizinho, que, todos os dias, fazem leis e ordenanças novas contra nossos mercadores, sujeitando-os dia a dia a imposições e a estas condições inauditas e injustas, pilham nossos navios, prendem nossos homens sob diversos pretextos vãos: a Inglaterra, sob o pretexto de que levam trigo à Espanha; os de Dunquerque, porque o levam para a Holanda; os holandeses mais audaciosamente ainda, se entendendo com os infiéis e freqüentemente, depois de nos terem roubado, usando turbantes para fingir que são turcos; além de que nossos vizinhos que são fortes no mar, podem, quando quiserem, trazer a guerra a qualqüer parte que lhes agradar deste Estado.

Que não há reino tão bem situado quanto a França e tão rico de todos os meios necessários para se tornar senhor do mar; que, para consegui-lo, é preciso ver como nossos vizinhos se conduzem nele, criar grandes companhias, obrigar os mercadores a participar delas, conceder-lhes grandes privilégios, como eles fazem; que à falta destas companhias e porque cada pequeno mercador trafica à parte e por sua conta e partindo, na maioria, em pequenos barcos e muito mal equipados, eles são a presa dos corsários e dos príncipes nossos aliados, porque não têm poder bastante, como teria uma grande companhia, de procurar sua justiça até o fim.

Que estas companhias sozinhas não seriam todavia suficientes, se o Rei de seu lado não estivesse munido de um bom número de navios para mantê-las poderosamente, em caso em que se opusessem por força aberta aos seus desígnios, além de que o Rei daí tiraria vantagem que num caso de guerra não lhe seja necessário recorrer a mendigar a assistência de seus vizinhos.

(*Mémoires du cardinal de Richelieu*, publicadas por Lacour-Gayet e R. Lavollé, Paris, 1925, t. VII, pp. 25 e ss.)

Documento 4:
O ATO DE NAVEGAÇÃO INGLÊS, DE 1660.

Para o progresso do armamento marítimo e da navegação, que sob a boa providência e proteção divina interessam tanto à prosperidade, à segurança e o poderio deste reino...
nenhuma mercadoria será importada ou exportada dos países, ilhas, plantações ou territórios, pertencentes a Sua Majestade ou em possessão de Sua Majestade, na Ásia, América e África, noutros navios senão nos que sem nenhuma fraude pertencem a súditos ingleses, irlandeses ou gauleses, ou ainda a hàbitantes destes países, ilhas, plantações e territórios, e que são comandados por um capitão inglês e tripulados por uma equipagem com três quartos de ingleses...
nenhum estrangeiro nascido fora da soberania de nosso Senhor o Rei, ou não naturalizado poderá exercer o ofício de mercador ou corretor num dos lugares supracitados, sob pena de confisco de todos os seus bens e mercadorias...
nenhuma mercadoria produzida ou fabricada na África, Ásia e América será importada na Inglaterra, Irlanda ou País de Gales, Ilhas de Jersey e Guernesey, e cidade de Berwick sobre o Tweed, outros navios senão nos que pertencem a súditos ingleses, irlandeses ou galeses e que são comandados por capitães ingleses e tripulados por uma equipagem com três quartos de ingleses...
nenhuma mercadoria produzida ou fabricada no estrangeiro e que deve ser importada na Inglaterra, Irlanda, País de Gales, Ilhas de Jersey ou Guernesey deverá ser embarcada noutros portos que não sejam aqueles do país de origem...
não mais será lícito doravante carregar num navio, cujo proprietário ou proprietários são, no todo ou em parte, estrangeiros, e cuja equipagem não é inglesa pelo menos em três quartos, mercadorias, peixes, mantimentos, enviados de um porto ou de um embarcadouro da Inglaterra, da Irlanda ou do País de Gales com destino a um outro porto destes países e reinos da Inglaterra, Irlanda e País de Gales, sob pena de confisco das mercadorias e do navio...
Todas estas disposições não se aplicam às espécies monetárias, nem às presas de curso...
nenhum açúcar, tabaco, algodão, gengibre, índigo ou outras madeiras tintoriais, produzidas ou fabricadas nas plantações inglesas da América, da África ou da Ásia será exportado alhures que não seja numa outra colônia inglesa ou na Inglaterra, Irlanda, País de Gales...

(Segundo os *English historical documents*, ed. por D. Douglas, Londres vol. VIII, pp. 533 e ss.)

Documento 5:
PRIVILÉGIO CONCEDIDO AO SENHOR GUICHARD PARA A MANUFATURA DAS BASINS DE SAINT-QUENTIN.

Pierre-Guichard, mercador de nossa cidade de Saint-Quentin, tendo estabelecido na dita cidade uma manufatura de *basins* e outros trabalhos de algodão e fio, demonstrou-nos humildemente que não tendo jamais sido estabelecida esta fábrica em nosso reino, ele foi obrigado a fazer grandes gastos para atrair operários dos países estrangeiros, tanto para fazer construir teares, como para fazer trabalhar os ditos *basins* e como esta manufatura é de uma utilidade considerável ao público, inúmeras pessoas, que anteriormente estavam inutilizadas nela encontrando emprego, suplicou-nos humildemente o expositor que lhe concedêssemos a permissão de continuar sozinho na província da Picardia, sobre os teares que montou e montará aqui depois os ditos *basins* e outras obras de algodão e linho e pelo tempo que nos aprouver.
... permitimos e concedemos a este expositor fazer trabalhar em nossa dita cidade e dez léguas ao redor... todas sortes de *basins* e outros produtos de fio de algodão e de linho com defesa a qualquer outra pessoa de perturbar, inquietar ou imitá-lo ou falsificar os ditos *basins* durante dez anos inteiros e consecutivos sob pena de confisco dos ditos produtos e teares, de três mil libras de multa aplicáveis um terço para nós, um terço para o hospital da cidade, um terço para o expositor... e para fazer conhecer ao expositor o quanto o estabelecimento da dita manufatura nos é agradável e dar-lhe meios de sustentá-la e aumentá-la, doamos a este a soma de 12 000 libras... a saber, 6 000 libras ao contado, e seis outras mil libras depois que o dito expositor tiver estabelecido quarenta teares, os quais ele será obrigado a ter funcionando no fim do próximo ano...
temos isentado e isentamos a casa onde ele permanecerá, de qualquer alojamento de nossas tropas e gentes de guerra e para atrair na dita manufatura numerosos operários, queremos que os ditos operários estrangeiros que tiverem trabalhado durante seis anos inteiros e consecutivos na dita manufatura sejam reputados reinóis e naturais franceses... e no caso em que durante os ditos seis anos alguns dos ditos operários vierem a falecer, queremos que suas viúvas e herdeiros lhes sucedam nos bens que adquiriram ou que lhes couberem neste reino. Queremos também que durante o dito privilégio o dito expositor não possa ser incluído na lista das talhas de nossa dita cidade, por maior soma do que aquela com que foi colocado na lista do ano 1670...

(Versailles, fevereiro de 1671.)

Documento 6:
INSTRUÇÃO GERAL PARA A EXECUÇÃO DOS REGULAMENTOS GERAIS DAS MANUFATURAS E TINTURARIAS (30 DE ABRIL DE 1670).

....

O dito comissário fará reunir os jurados e todos os mestres na câmara da comunidade e lhes fará leitura do dito regulamento, explicará sobre cada artigo o que devem para bem executá-lo, e lhes fará conhecer que se o transgredirem seguir-se-á infalivelmente sua ruína porque seus tecidos serão confiscados e as ourelas rasgadas publicamente, o que não poderão evitar, porque não somente suas mercadorias serão visitadas pelos jurados do lugar, mas ainda pelos guardas dos mercadores das cidades e das feiras para onde forem levadas para serem vendidas e debitadas... e assim, o único recurso dos ditos operários é trabalhar bem; fazendo o que, suas mercadorias estarão mais no comércio do que no passado, visto que delas virão em menor número dos países estrangeiros...

Deve haver duas marcas diferentes, em cada cidade ou burgo onde se fazem manufaturas, entre as mãos dos guardas jurados ou cuidados de cada comunidade: uma para a marca das mercadorias antigas não conformes ao regulamento, outra para a marca das mercadorias conformes ao dito regulamento, em torno das quais será inscrito o nome do lugar de sua fábrica; e não poderão ser marcados os tecidos de um outro lugar sob pena de punições... É também necessário que os ditos jurados façam uma visita geral, a cada mês, em todas as casas dos operários e fabricantes... para visitar e marcar os tecidos...

O dito comissário velará expressamente para que todas as mercadorias de lã e de fio forasteiras ou estrangeiras contidas no dito regulamento, que forem transportadas nas cidades para aí serem vendidas, sejam descarregadas nos mercados daquelas depois de terem passado no escritório das aduanas, e que elas aí sejam... marcadas se estão conformes ao dito regulamento, senão apreendidas e confiscadas... Tornar-se muito exato na observação da largura dos tecidos prescritos pelo regulamento, sem diminuir em nada e que a resistência, a finura e a boa qualidade sejam iguais em toda a peça e proporcionais à sua qualidade. Para efeito do que, será tomado o número de fios necessários para atingir a dita largura, resistência, finura...

Ter um homem notório e inteligente nas manufaturas, em todos os lugades do departamento do dito comissário onde são estabelecidas, para descobrir os abusos que aí se fazem...

Notará o dito comissário... quais tinturas são as mais próprias a cada lugar... e quais cores são aí mais abundantes, a fim de obrigar àqueles dos lugares circunvizinhos a mandarem aí tingir seus tecidos...

Igualmente examinar todos os lugares mais convenientes para o estabelecimento e aumento das manufaturas seja pelo rendimento da terra, comodidade das águas, número de homens...

(P. CLÉMENT. *Lettres, instructions et mémoires de Colbert.* I, pp. 932 e ss.)

Documento 7:
AS IMPORTAÇÕES "INÚTEIS" E A PROTEÇÃO DO TRABALHO NACIONAL.

Por isso quisera eu que alguma medida fosse tomada para evitar a importação de semelhantes bagatelas que vêm d'além-mar e especialmente daquelas que poderiam ser fabricadas entre nós; poder-se-ia seja abster-se delas inteiramente, ou servir-se menos delas, como estes copos para beber e estes espelhos, estes estofos coloridos, estas luvas perfumadas, estas adagas, facas, agulhetas e mil outras coisas semelhantes. A mesma coisa para as sedas, os vinhos e as especiarias: isto não teria nenhum inconveniente se se importasse menos delas. Mas sobretudo quisera que nenhum artigo fabricado com nossos próprios produtos, como as lãs, peles, estanho, seja importado d'além-mar para ser vendido aqui, mas ao contrário, que todas estas mercadorias sejam manufaturadas no Reino. Não seria preferível fazer trabalhar assim nosso povo, ao invés dos estrangeiros? Estou seguro de que 20 000 pessoas deste Reino poderiam assim encontrar trabalho, enquanto que estas 20 000 pessoas trabalham agora no estrangeiro estes mesmos artigos, que atualmente são fabricados além-mar e que poderiam sê-lo aqui. O Príncipe não ficaria feliz com uma ajuda qualquer permitindo-lhe alimentar 10 000 pessoas todo o ano, sem sobrecarregar seu tesouro de um pêni a mais? Creio que se poderiam manufaturar aqui estes artigos, não somente em quantidade suficiente para fazer trabalhar muitos operários para as necessidades do Reino, mas também para exportar deles. Não deveríamos estar envergonhados de comprar tudo isto aos estrangeiros e de fazer assim trabalhar um grande número de seus habitantes, dos quais, como disse, suportamos no presente a alimentação e os salários, enquanto que todo este proveito poderia ser conservado para o Reino, de tal maneira que este benefício permaneceria entre nós e nos adviria de onde ele vai agora?

(*Compendieux ou bref examen de quelques plaintes...* (1549) Paris, ed. e trad. J.-Y. Le Branchu, 1934, pp. 182 e 183.)

Documento 8:
AMBIÇÕES E ILUSÕES MERCANTILISTAS.

"Se o francês, declara Garrault, soubesse conservar suas riquezas, e fruir de seu bem, ele comandaria a todas as nações, estando ornado em tempo de paz, e fortificado em guerra de uma quantidade incrível de ouro e de prata, pela abundância que para aí aflui de todas as partes..."

"Deus, diz La Gomberdière dirigindo-se ao rei de França, verteu de tal maneira e tão abundantemente suas santas bênçãos sobre vosso reino, que parece que o designou para ter autoridade e comando sobre todos os outros do Universo, tendo-o tão bem constituído e provido de tudo o que é útil e necessário para a vida e a manutenção dos povos, e em tal abundância, que pode-se, verdadeiramente, dizer que é a única monarquia que pode passar sem todos os seus vizinhos, e nenhum pode passar sem ela."

"...parece, nota Isaac de Laffemas, que a natureza quis favorecer/a França/ do que ela tem de mais precioso, para se abster das outras nações". Ele deseja ver a França poderosa e gloriosa, "a fim de que, diz a seu soberano, vossos vizinhos não se possam abster de vós e que vossos súditos não sejam constrangidos a procurá-los por seus trabalhos". O comércio de importação, acrescenta ainda, "nós podemos impedi-lo inteiramente".

"Este Reino /a França/, diz Montchrétien, é tão florescente, tão abundante em tudo o que se pode desejar, que não há o que emprestar de seus vizinhos."

"Porque a França sozinha, continua, pode-se abster, por tudo o que possui, das terras vizinhas, e todas as terras vizinhas não o podem fazer. Ela tem riquezas infinitas, conhecidas e a conhecer. Considerando-a bem, é o mais completo corpo de reino que o Sol pode ver desde o seu alvorecer até o seu poente..."

"E, observa Richelieu, desde que bem saibamos nos aproveitar das vantagens que a Natureza nos concedeu, tiraremos a prata daqueles que quiserem ter nossas mercadorias que lhes são tão necessárias, e não nos sobrecarregaremos muito com seus gêneros, que nos são tão pouco úteis"

"A situação do Reino da França, diz de La Jonchère, é tão vantajosa que ele encontra em si mesmo suas forças, suas necessidades e mesmo seu supérfluo; que pode se abster de todas as espécies de Comércios estrangeiros, e que os Estrangeiros não podem abster-se de seus Vinhos, Trigos, Sais, etc., de sorte que pode, rompendo o Comércio com todos os Estrangeiros fazer-lhes um mal infinito, sem incorrer na mesma pena, o que os Estrangeiros não estão em condições de fazer, porque têm necessidade dele".

(Extratos citados por E. SILBERNER, *La guerre dans la pensée économique du XVI.ᵉ au XVII.ᵉ*, Paris, 1939, pp. 112 e 113.)

Documento 9:
O MERCANTILISMO SEGUNDO COLBERT.

Libertar o comércio exterior da França da tutela holandesa.

Creio que se permanecerá facilmente de acordo neste

princípio, de que somente a abundância de prata num Estado faz a diferença de sua grandeza e de seu poder.

Sobre este princípio, é certo que saem todos os anos do reino, em gêneros de sua produção, necessários ao consumo dos países estrangeiros, cerca de 12 a 18 milhões de libras. Estão aí as minas de nosso reino, para a conservação das quais é preciso trabalhar cuidadosamente.

Os holandeses e outros estrangeiros fazem uma guerra perpétua a estas minas, e fizeram tão bem até o presente que, em lugar de que esta soma deva entrar no reino em prata corrente e aí produzir, por conseqüência, uma prodigiosa abundância, eles nô-la trazem em diversas mercadorias, ou de suas manufaturas ou que tiram dos países estrangeiros, pelos dois terços desta soma, de sorte que não entram todos os anos no reino, em corrente, senão 4,5 a 6 milhões de libras.

Os meios de que se servem são:
Em frete de navios, de porto em porto ... 3 milhões
Em mercadorias das ilhas dos franceses ... 2 milhões
Em belos tecidos, com os quais excitaram nossa curiosidade, mercadorias das Índias, especiarias, sedas, etc. .... 3 milhões
Em gêneros do Norte e mercadorias para a navegação .... 15 milhões

... Sua indústria e nossa pouca inteligência passou tão adiante que, por intermédio dos fabricantes e dos comissários de sua nação, que tiveram poder de estabelecer em todos os portos do reino, tendo-se tornado senhores de todo o comércio pela navegação, colocaram preço em todas as mercadorias que compram e nas que vendem.

Sobre esta suposição, é fácil concluir que quanto mais pudermos suprimir os ganhos que os holandeses obtêm sobre os súditos do rei e o consumo das mercadorias que nos trazem, tanto mais aumentaremos a prata corrente que deve entrar no reino por meio de nossos gêneros necessários, e tanto mais aumentaremos o poder, a grandeza e a abundância do Estado.

Podemos obter a mesma conseqüência em relação às mercadorias de entreposto, isto é, aquelas que poderíamos ir pegar nas Índias Orientais e Ocidentais para trazer para o Norte, donde traríamos por nós mesmos as mercadorias necessárias à construção dos navios, em que consiste a outra parte da grandeza e do poder do Estado.

Além das vantagens que produzirá a entrada de uma quantidade maior de prata corrente no reino, é certo que, através das manufaturas, um milhão de pessoas que enlanguescem na indolência ganharão sua vida.

Que número também considerável ganhará sua vida na navegação e nos portos de mar;

Que a multiplicação quase ao infinito dos navios multiplicará do mesmo modo a grandeza e o poder do Estado.

Eis, a meu ver, os fins aos quais devem tender a aplicação do Rei, sua bondade e seu amor por seus povos.

(P. CLÉMENT. *Lettres, instructions et mémoires de Colbert*. Paris, 1873, t. II, pp. CCLXIX e CCLXX.)

Documento 10:
FINANÇAS REAIS E PROSPERIDADE GERAL DO REINO, A GUERRA DE PRATA.

...e como é preciso que os povos tenham com o que pagar antes que pensem em satisfazer seus impostos, e que elas devem sempre ter sua proporção com a prata que cada particular pode ter, a conduta universal das finanças deve sempre velar e empregar todos os cuidados e a autoridade de Vossa Majestade, para atrair a prata para o reino, difundi-la em todas as províncias para proporcionar aos povos a facilidade de viver e de pagar seus impostos... o bom estado das finanças e o aumento das rendas de Vossa Majestade consiste em aumentar por todos os meios o número da prata amoedada que circula continuamente no reino e a manter nas províncias a justa proporção que dela devem ter... aumentar a prata no comércio público atraindo-a dos países de onde vem, conservando-a dentro do reino impedindo que saia, e dando aos homens meios para dela tirarem lucro. Como nestes três pontos consiste a grandeza, o poder do Estado e a magnificência do Rei por todas as despesas que os grandes rendimentos dão ocasião de fazer, que é tanto mais elevada quanto abaixa ao mesmo tempo, todos os Estados vizinhos, visto que não havendo mais que uma mesma quantidade de prata que circula em toda a Europa e que é aumentada de tempos em tempos pela que vem das Índias Ocidentais, é certo e demonstrativo que se não há mais que 150 milhões de libras de prata que circula no público, não se pode conseguir aumentar de 20, 30 e 50 milhões sem que ao mesmo tempo se tire a mesma quantidade aos Estados vizinhos... suplico a Vossa Majestade que me permita dizer-lhe que depois que ela tomou a administração das finanças, empreendeu uma guerra de prata contra todos os Estados da Europa. Já venceu a Espanha, a Alemanha, a Itália, a Inglaterra, nas quais lançou uma miséria e necessidade muito grande, e se enriqueceu com seus despojos, que lhe deram os meios de fazer tantas grandes coisas que fez, e ainda faz todos os dias. Não resta senão a Holanda que ainda combate com grandes forças: seu comércio do Norte..., o das Índias Orientais..., o do Levante..., o das Índias Ocidentais, suas manufaturas, seu comércio de Cádiz, o de Guiné e uma infinidade de outros nos quais reside e consiste todo o seu poder. Vossa Majestade formou companhias que como exércitos os atacam por toda parte... As manufaturas, o canal de transnavegação dos mares e tantos outros novos estabelecimentos que faz Vossa Majestade, são tantos corpos de reserva que Vossa Majestade cria e tira do nada, para bem cumprir seu dever nesta guerra... O fruto sensível do sucesso de todas estas coisas seria que, atraindo pelo comércio uma quantidade muito grande de prata seu reino, não somente ela conseguiria em breve restabelecer esta proporção que deve haver entre a prata que circula no comércio e as imposições que são pagas pelo povo, como também as aumentaria uma e outra, de sorte que suas rendas aumentariam, e ela colocaria seus povos em estado de poder assisti-lo mais consideravelmente em caso de guerra ou de outra necessidade...

(P. CLÉMENT, *op. cit.*, 1670, t. VII, pp. 233 e ss.)

Documento 11:
A OPOSIÇÃO A COLBERT (1668).

...Senhor Colbert não leva em conta que querendo colocar os franceses em estado de poderem se abster de todos os outros povos (ele os conduz), a sonhar também em fazer a mesma coisa de seus lados, porque é certo que eles tomaram uma outra rota para ir procurar alhures a maior parte das coisas, das quais vinham se abastecer em nossas províncias. Pois que uma das principais causas da carência de prata, que vemos na França, no meio de uma tão grande abundância de trigos e de vinhos, procede de que os holandeses não vêm mais arrebatá-los, como faziam outrora, porque a conduta que mantemos com eles em relação ao comércio lhes faz ver claramente que nada queremos tomar em troca. Ora, não é preciso colocar-nos no espírito que eles não podem encontrar algum expediente para fazer suas longas viagens, sem ter recurso a nossos gêneros, quando quisermos cortar-lhes todas as comodidades que encontraram até o presente no comércio, que fazem conosco, e quando pretendermos obrigá-los a fazê-lo inteiramente com prata corrente. Pode-se ainda acrescentar que as diversas qualidades que se observam na terra, no ar e nas águas, sendo como são uma das principais causas da produção dos frutos, das plantas e dos animais que se encontram em certas partes do mundo mais que em outras, isto mesmo nos deve fazer reconhecer que a divina providência não estabeleceu uma tal diversidade, senão para obrigar os homens, pela necessidade mútua que eles têm uns dos outros, a se entrecomunicar todas as coisas que lhes são necessárias, e que este liame da sociedade civil não é menos antigo que o mundo, *Non omnis fert omnia Tellus*. De sorte que depois de ter suprimido muitos inconvenientes importunos, seria preciso que voltássemos por necessidade ao mesmo estado em que estávamos ou não ter mais ligação com ninguém, que é uma coisa impossível...

(*Mémoires pour servir à l'histoire* DM.R., 1668, pp. 35 a 327.)

Documento 12:
AS OBJEÇÕES A D. HUME (1752).

I.

O mesmo temor invejoso em relação aos metais preciosos prevaleceu igualmente entre diversas nações e foi preciso o concurso da razão e da experiência para convencer que estas espécies de proibições não têm outro resultado que o de aumentar o câmbio em detrimento do país que as estabeleceu, e de determinar uma exportação ainda maior de numerário. Mas reina ainda, mesmo entre as nações acostumadas ao comércio, uma forte inveja no que concerne à balança do comércio. Isto me parece quase sempre uma apreensão sem fundamento e temeria tanto mais o esgotamento de todas as nossas fontes e de todos os nossos rios, quanto ver o numerário deixar um reino populoso e ativo. Conservemos cuidadosamente as vantagens que nos asseguram nossa população e nossa atividade e não teremos nunca que temer perder nossa riqueza monetária... Suponhamos que os quatro quintos de toda a circulação que existe na Grã-Bretanha sejam aniquilados numa noite, qual seria a conseqüência deste acontecimento? O preço do trabalho e das mercadorias não deveria baixar em proporção? Que nação poderia então lutar conosco sobre os mercados estrangeiros? Não nos seria então preciso pouco tempo para fazer voltar a prata que perdêramos para nos alçar ao nível de todas as nações vizinhas?... Suponhamos ainda que toda a circulação da Grã-Bretanha seja quintuplicada numa noite, o efeito contrário não se deveria produzir...

(*De la balance du commerce, Oeuvre économique,* Paris, ed. L. Say, pp. 64 a 67.)

II. Da inveja do comércio.

Nada mais habitual da parte dos Estados que fizeram alguns progressos no comércio que considerar com um olho inquieto os de seus vizinhos, olhar todos os Estados comerciantes como rivais e crer que é impossível a algum deles prosperar, senão às suas expensas. Ouso pretender em oposição a esta opinião estreita e má que o crescimento do comércio e das riquezas numa nação contribui, de ordinário, para desenvolver, bem longe de prejudicá-lo, o comércio e as riquezas de todos os seus vizinhos, e que um Estado dificilmente pode desenvolver seu comércio e sua indústria, se os Estados que o cercam estão mergulhados na ignorância, na ociosidade e na barbárie.

(*Ibidem,* p. 94.)

Documento 13:
A OPINIÃO DE TURGOT.

M. de Gournay não havia imaginado tampouco que, num reino onde a ordem das sucessões não foi estabelecida senão pelo costume, e onde a aplicação da pena de morte a vários crimes ainda está entregue à jurisprudência, o governo se dignasse a regular por leis expressas o comprimento e a largura de cada peça de estopo, o número de fios de que deve ser composto, e consagrar pelo selo do poder legislativo quatro volumes *in-quarto* cheios destes detalhes importantes; e além, disso, estatutos sem número, ditados pelo espírito do monopólio, cujo único objetivo é desencorajar a indústria, concentrar o comércio num pequeno número de mãos pela multiplicação de formalidades e gastos, pela sujeição a aprendizagens e corporações de dez anos, para misteres que se podem aprender em dez dias; pela exclusão daqueles que não são filhos de mestres, daqueles que são nascidos fora de certos limites, pela interdição de empregar mulheres na fabricação dos tecidos etc., etc.

Não ficou menos espantado ao ver o governo se ocupar em regular a circulação de cada mercadoria, proscrever um gênero de indústria para fazer florir um outro, sujeitar a incômodos particulares a venda das provisões mais necessárias à vida, impedir de fazer armazéns de um gênero, cuja colheita varia todos os anos e cujo consumo é sempre mais ou menos igual; impedir a saída de um gênero sujeito a cair no aviltamento, e crer assegurar-se a abundância do trigo tornando a condição do lavrador mais incerta e mais infeliz que a dos outros cidadãos, etc.

(TURGOT. *Éloge de Gournay, Oeuvres.* ed. Daire, t. I, pp. 268 e 269.)

Documento 14:
O JULGAMENTO DE A. SMITH SOBRE O MERCANTILISMO.

Por uma seqüência destas idéias do povo, todas as diferentes nações da Europa se aplicaram, algumas sem muito sucesso, a procurar todos os meios possíveis de acumular o outro e a prata nos seus respectivos países... É com semelhantes máximas que se acostumou os povos a crer que seu interesse consistia em arruinar todos os seus vizinhos, cada nação veio lançar uma olhadela de inveja sobre a prosperidade de todas as nações com as quais comercia, e a olhar tudo o que elas ganham como uma perda para si. O comércio, que naturalmente deveria ser para as nações, como para os indivíduos, um liame de concórdia e de amizade, tornou-se a fonte mais fecunda das querelas e das guerras... O motivo que ditou todos estes regulamentos foi o de estender o progresso das nossas manufaturas, não aperfeiçoando-as, mas enfraquecendo as de nossos vizinhos... Os inventores e construtores de todo este sistema foram os produtores, ao interesse dos quais dedicou-se uma atenção cuidadosa e invulgar. Os principais arquitetos do sistema foram nossos mercadores e nossos manufatureiros... Sacrificou-se o interesse do consumidor nacional ao do produtor.

(*La Richesse des Nations*, Paris, ed. Garnier, Blanqui, 1859 t. II, liv. IV, pp. 180, 259, 463, 465.)

Documento 15:
O JULGAMENTO DE J.-B. SAY

Até a época do renascimento das artes na Europa, isto é, até cerca do século XVI, os governos dos diversos países pouco se inquietavam com a natureza dos retornos que os comerciantes recebiam do estrangeiro. Os direitos de saída e de entrada tinham um objeto puramente fiscal; eram para os governos meios de levantar tributos, e nada mais; mas em seguida, quando se apercebeu que o comércio era uma fonte de prosperidade para as nações e de poder para os governos, acreditou-se poder explorá-lo mais a proveito. Os publicistas, os homens de Estado, antes de ter suficientemente estudado a natureza das riquezas e o que as produz, acreditaram, com o vulgo, que se é rico porque se tem muita prata, em lugar de compreender que se tem muita prata porque se é rico; tiraram daí a conclusão que não se tratava de fazer vir muitos metais preciosos para enriquecer, enquanto que se tratava de enriquecer primeiro; porque do momento em que se é rico, jamais faltam os metais preciosos.

Em conseqüência, todos os seus esforços tenderam a tirar do estrangeiro, não valores superiores aos que para aí se enviavam, porém mais metais preciosos do que se lhes davam. Acreditou-se atingir este fim, proibindo a saída do ouro e da prata, e a introdução das mercadorias estrangeiras que se podiam produzir no país, presumindo que se nossa nação, por exemplo, recebia dos estrangeiros mais objetos de consumo do que lhes enviava, seria preciso, inevitavelmente, que pagasse este excesso, este saldo, em numerário. Quanto às mercadorias que nosso país não podia produzir, e que necessariamente precisaria trazer de fora, contentou-se em sujeitá-las a direitos de entrada mais ou menos fortes, que deviam tender mais ou menos a reduzir a soma das mercadorias importadas. Cada Estado, ao contrário, favoreceu por tratados de comércio, por bônus de exportação, o envio de seus produtos para fora. Presumia-se que o estrangeiro recebendo nossos produtos e não podendo, em razão das proibições, nos enviar os seus em troca, seria forçado a pagar os nossos em ouro ou em prata.

Esta opinião, primeiramente defendida pelos escritores italianos*, adotada em seguida por todos os publicistas da Inglaterra e da França, encontrou-se geralmente ensinada. Não se acreditava que ela pudesse ser atacada...

Daí um sistema de legislação muito contrário à liberdade das transações comerciais, adotado em toda parte, e que se pode chamar sistema da balança do comércio.

(*Cours complet d'économie politique*, Paris, 1852, pp. 558 e 559.)

(*) Botero, Antonio Serra e outros. Botero nasceu em 1540. J. Chappuys deu em 1559 uma tradução francesa de sua *Ragione di stato*.

Documento 16:
OS MÉRITOS DO SISTEMA INDUSTRIAL, IMPROPRIAMENTE CHAMADO SISTEMA MERCANTIL.

1º Compreende a importância das manufaturas e sua influência sobre a agricultura, sobre o comércio e sobre a navegação do país.

2º Escolhe em geral o bom meio para criar a indústria manufatureira no país amadurecido para este efeito.

3º Toma a idéia de nação por ponto de partida e considerando as nações como unidades, leva em conta em toda parte os interesses nacionais.

Eis agora os pontos principais pelos quais peca o sistema:

1º Não há em geral uma noção exata do princípio da educação industrial, do país, nem das condições de sua aplicação.

2º Provoca por conseguinte, da parte dos povos que vivem sob um clima contrário às manufaturas, de Estados muito pequenos ou muito pouco adiantados, uma imitação mal entendida do sistema protetor.

3º Quer, em detrimento da agricultura, estender a proteção às matérias brutas.

4º Quer, em detrimento da agricultura, e contra toda justiça, favorecer as manufaturas, entravando a exportação das matérias brutas.

5º Não ensina à nação chegada à supremacia manufatureira que ela deve abrir seu mercado à livre concorrência, para preservar da indolência seus manufatureiros e seus negociantes...

(F. LIST. *Système national d'économie politique*. Paris, 1857, p. 459.)

Documento 17:
A MANUFATURA, O PROTECIONISMO E O MERCADO EXTERIOR SEGUNDO MARX.

A cooperação que é fundamentada na divisão do trabalho adquire sua forma clássica na manufatura. Predomina enquanto forma característica do processo de produção capitalista, durante o período manufatureiro propriamente dito, que vai, *grosso modo*, da metade do século XVI até o último terço do século XVIII... A economia política, que somente toma lugar de ciência particular com o período manufatureiro, considera a divisão social do trabalho como um meio de produzir mais mercadorias com a mesma soma de trabalho, de diminuir, por conseguinte, o preço das mercadorias e de acelerar a acumulação do capital.

(*Le Capital*, Paris, 1946. liv. I, cap. XII, pp. 229 e 269.)

O sistema protecionista foi um meio artificial de fabricar fabricantes, de expropriar os operários independentes, de capitalizar os meios nacionais de produção e de subsistência. Os Estados europeus disputaram entre si o monopólio desta invenção, e logo que se colocaram ao serviço dos produtores de mais-valia, não mais se contentaram em explorar para este fim seu próprio povo, seja indiretamente por tarifas protecionistas, seja diretamente por bônus de exportação. Nos países colocados sob seu domínio, eles destruíram por meios violentos toda indústria... Colbert deu o sinal de uma simplificação considerável do processo. É no tesouro público que, neste país, os industriais esgotam diretamente, em muitos casos, seu capital primitivo.

(*Le Capital*, liv. I, cap. XXIV, p. 265.)

A manufatura surgiu onde existe uma produção em massa para a exportação, para o mercado exterior, portanto na base do grande comércio marítimo e terrestre...

(*Fondements de la critique de l'économie politique*, 1967. t. I, p. 476.)

Documento 18:
ALGUMAS DAS CONCLUSÕES DE E. F. HECKSCHER.

Na verdade, o mercantilismo procurava sobretudo os meios de proporcionar o maior lucro possível a cada país. Era uma grande mudança em relação ao ideal medieval de autarcia que pressupunha de fato a ausência de qualquer mudança na situação social das classes e dos indivíduos. No interior do país os mercantilistas perseguiam objetivos dinâmicos. Mas a coisa importante é que esta concepção se conjugava com uma teoria estática dos recursos econômicos globais do mundo; daí nasceu a contradição fundamental que provocou lutas comerciais sem fim. A posição de um país particular, podia mudar, progredir, mas somente a expensas de outros países. Tal foi o drama do mercantilismo. A Idade Média com seu ideal universal estático e o *laissez-faire* com seu ideal universal dinâmico, ambos escaparam a esta contradição; se isto não for compreendido, é impossível compreender o que quer que seja da teoria e da prática do mercantilismo. O mercantilismo, como nós o temos visto, comporta dois aspectos essenciais, um o liga ao liberalismo e o outro o atrai na direção oposta. A questão que se coloca é saber: qual é dos dois o aspecto mais importante? Sem dúvida nenhuma, o segundo. Do aspecto liberal do mercantilismo pode-se reter: a solicitude para os empresários, a emancipação frente à moral e à religião e a tendência a utilizar os interesses privados a serviço da coletividade. Mas tudo isto conta menos que a idéia de uma regulamentação necessária da economia segundo certas doutrinas. A realidade essencial era a submissão a um sistema econômico herdado dos séculos precedentes, a submissão ao mercantilismo como sistema de poder, sistema protecionista e sistema monetário. Embora os mercantilistas se acreditassem emancipados de todo apego à tradição, estavam de fato presos em suas malhas. Do ponto de vista da concepção da sociedade e do esforço de unificação nacional, o liberalismo foi o executor testamentário e o herdeiro do mercantilismo, mas do ponto de vista econômico e humano, foi seu adversário vitorioso.

(E. F. HECKSCHER. *Mercantilism*. Londres, 1955, t. II, pp. 25 e 323.)

Documento 19:
O JULGAMENTO DE UM GRANDE HISTORIADOR INGLÊS CONTEMPORÂNEO: C. H. WILSON.

Para A. Smith, as idéias que inspiraram o sistema mercantil pareciam mal concebidas, os objetivos perseguidos eram iníquos, a realização malbaratada pela corrupção e a própria existência do mercantilismo era inoportuna, senão malfazeja. Mas os argumentos da *Riqueza das Nações* eram tirados da observação de três economias relativamente evoluídas, a da Inglaterra, da França e da Holanda. Estes argumentos não tinham a mesma força para aqueles que ainda não haviam realizado a passagem da economia agrícola para a economia mercantil. O protesto de A. Smith contra a tentação de fabricar num país o que aí custa mais caro a manufaturar do que a comprar fora é pouco convincente para aqueles a quem este raciocínio condena a permanecer indefinidamente produtores de matérias-primas. É evidente que a hipótese, segundo a qual os custos de produção seriam fixos e fáceis de calcular, corresponde a uma teoria estática, destinada a petrificar o *statu quo* e a desencorajar todo progresso econômico. A despeito de todas as suas debilidades e ilogismos, o pensamento mercantilista ocultava um elemento de dinamismo. Sua fé na possibilidade de aprender, de progredir e de se desenvolver foi capaz de sobreviver a contínuas desilusões... Se compararmos a Europa de 1750 à de 1600, do ponto de vista da população, dos recursos, dos níveis de vida, da renda nacional, registram-se ao mesmo tempo lucros e perdas. Na Espanha e na Hungria, a população diminuiu, a guerra e suas seqüelas provocaram crises e retrocessos na indústria têxtil de toda a Europa Ocidental. Entretanto, a despeito das manifestações locais e temporárias de contração econômica, não há nenhuma dúvida de que este período foi, em geral, um período de progresso. A população aumentou, não espetacularmente, mas regularmente (?). O volume do comércio marítimo e particularmente do comércio colonial, da França e da Inglaterra, por exemplo, progrediu de maneira notável. Entretanto, não existe neste período nenhum fenômeno suscetível de explicar a expansão da mesma maneira que a revolução dos preços do século XVI ou as invenções técnicas na época da Revolução Industrial. Os

150 anos que constituem a idade clássica do mercantilismo conheceram preços estáveis ou flexíveis. Poucas invenções importantes foram então introduzidas na indústria e no comércio... mas havia a perseguição sistemática do lucro material, e seria difícil contradizer a tese, segundo a qual o rápido progresso do Ocidente comparado à estagnação, à apatia da Ásia, encontra aí sua explicação. A característica essencial dos mercantilistas é talvez sua crença na possibilidade desejável da mudança material e sua aptidão para colocar ao serviço desta crença, uma energia, uma concentração, e uma organização sem precedente.

(C. H. WILSON. In: *Cambridge economic history of Europe*. t. IV, p. 575.)

Documento 20:
NAS ORIGENS DO PROTECIONISMO. A RECESSÃO DO SEGUNDO QUARTEL DO SÉCULO XVII. O CASO DAS DUAS GRANDES MANUFATURAS LANÍFERAS DA EUROPA OCIDENTAL.

I. — Leyde (L): produção de sarjas, rases, fustões e bagas. De 1638 a 1653 a curva superior representa esta produção aumentada de tecidos, segundo N. W. POSTHUMUS, *Leidsche lakenindustrie*.

Hondschoote (H): produção de sarjas de Hondschoote, segundo E. COORNAERT, a *tecelagem de sarja de Hondschoote*, 1930.

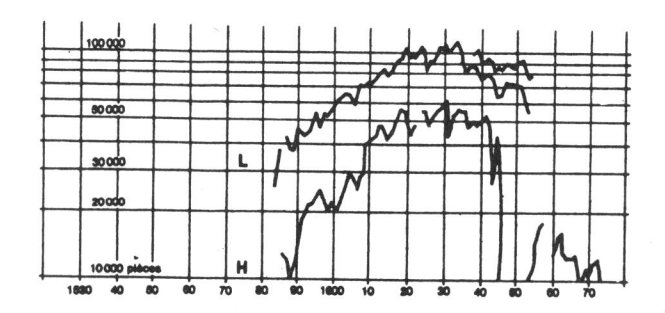

II. — A produção dos tecidos de lã penteada em Lille (L) e Amiens (A), segundo os direitos municipais, segundo DEYON, LOTTIN, *Revue du Nord*, 1967 e DEYON, *Amiens capitale provinciale*, 1967.

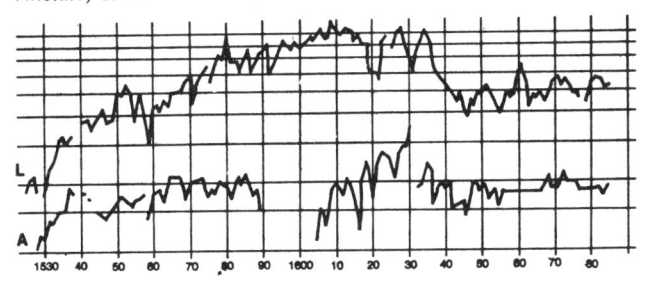

Documento 21:
DUAS DAS CAUSAS DA CONTRAÇÃO ECONÔMICA DO SÉCULO XVII?

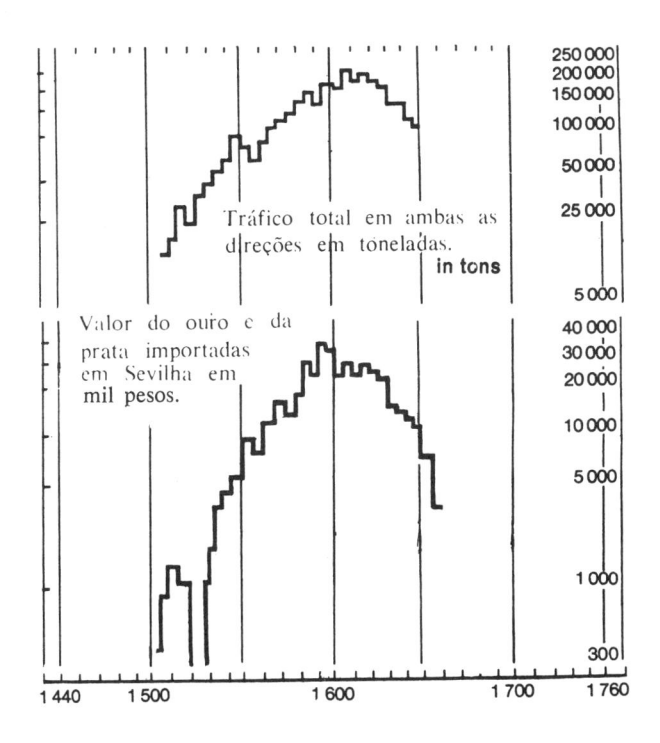

Tráfico total em ambas as direções em toneladas.
in tons

Valor do ouro e da prata importadas em Sevilha em mil pesos.

O movimento do tráfico americano de Sevilha; as mercadorias (segundo H. e P. CHAUNU); as importações de ouro e de prata (segundo E. J. HAMILTON. *Cambridge Economic History of Europe*, t. IV, p. 485, 1967; com a amável autorização dos Srs. BRAUDEL e SPOONER.)

Documento 22:
UM EXEMPLO NACIONAL DAS CONTRADIÇÕES DA HISTORIOGRAFIA, PRÓ OU CONTRA COLBERT.

O julgamento de Voltaire:

Sentimos hoje tudo o que o ministro Colbert fez pelo bem do reino. Ele tinha a mesma exatidão que o Duque de Sully e vistas bem mais amplas... e queria enriquecer a França e o povo... Chegou ao manejo das finanças com ciência e gênio. O maior erro que se lhe censura é não ter ousado encorajar a exportação dos trigos, é a única mácula de seu ministério, mas ela é grande.

(*Le siècle de Louis XIV, Oeuvres complètes*. Paris, ed. Garnier, 1878, pp. 501, 521 e 522.)

O de A. Smith:

Infelizmente este ministro adotara todos os preconceitos do sistema mercantil; sistema essencialmente formalista e regulamentar e que não podia por isto deixar de convir a um homem laborioso e acostumado aos negócios, habituado desde muito tempo a regular os diferentes departamentos da administração pública... Procurou regulamentar a indústria e o comércio de um grande povo sobre o mesmo modelo que os departamentos de um escritório.

(*La Richesse des Nations*, ed. Garnier, liv. IV, cap. IX, t. III, p. 2.)

O de Michelet:

Colbert construiu sobre um terreno arruinado, de antemão o da miséria que progride neste século sem poder parar. Causas políticas e morais vindas de longe, sobretudo a ociosidade nobiliária e católica que depois de ter arruinado a Espanha deveria arruinar a França... tem-se falado maravilhas da grandeza desta criação industrial, mas não o bastante de sua queda, sua pronta decadência. A imensa maldição sob a qual morria Colbert, perturbou-o no seu leito de morte... nós o sabemos, heróis ides na glória, ficais no coração da França. As grandes nações, como Deus, são equitativas, avaliando a obra menos pelos resultados do que pelo esforço e pela grandeza da vontade.

(*Histoire de France*, ed. 1860, t. XIII, pp. 277 e 282.)

Documento 23:
O PANEGÍRICO.

Pretendeu-se mostrar como Colbert, herdeiro de uma tradição anterior incoerente e imprecisa, a da economia do Estado ou da indústria dirigida, soube, em primeiro lugar, pela lucidez de uma inteligência e pelo poder de uma vontade incomparáveis, coordenar num sistema doutrinas, das quais ele não foi o inventor, mas às quais aplicou-se doravante seu nome, e sobretudo traduzi-las em atos. Em 22 anos, este grande homem, cuja obra teve um alcance imenso, soube criar com todas as peças uma administração econômica: agrupar as forças vivas do reino, esboçar um ensino técnico de Estado, suscitar pela proteção e pelos privilégios uma multidão de empresas de toda espécie, criar um conjunto de monopólios industriais de Estado, tão notáveis que sobreviveram ao Antigo Regime, libertar a indústria francesa da supremacia estrangeira, assegurar-lhe, por sua vez, a hegemonia em toda a Europa... Nada lhe escapou; combinou tudo, privilégios, recursos em prata para fazer do reino este império do trabalho de onde seriam banidas a ociosidade e a indolência, e ao qual nenhum outro Estado teria podido se comparar nem resistir. Com toda certeza, o sonho ultrapassou a realidade e seria forçar a natureza pretender monopolizar em proveito da França a produção industrial européia. Mas se alguns destes milhares de sementes lançados pela mão de Colbert não germinaram, a maioria conseguiu realizar suas esperanças durante ou após sua vida. Trabalhava com efeito, tanto para o futuro como para o presente. A França lhe deve o fato de se ter tornado um grande Estado industrial, de ter durante quase um século detido uma verdadeira realeza econômica, e de jamais ter decaído, em três séculos, do lugar eminente que ele lhe deu. Tal foi a parte imortal de Colbert na grandeza de seu país... Considerada no seu conjunto, a ditadura exercida por Colbert no domínio do trabalho foi uma das mais grandiosas concepções da monarquia do Antigo Regime.

(P. BOISSONNADE. *Colbert*. Paris, 1932, t. VII e pp. 285 a 287.)

Documento 24:
O ENFOQUE DE UM HISTORIADOR CONTEMPORÂNEO.

O enorme labor de Jean-Baptiste Colbert foi caricaturado pelas fantasias das pessoas de sistema, e esmagado sob o Himalaia dos ditirambos. Os juristas fabricaram palavras em "ismo" e demonstrações em três pontos. Os grandes burgueses do último século fizeram de Jean-Baptiste um "grande ancestral", o protótipo magnífico da excelência da burguesia quando governa. Com um talento jamais igualado, o grande Lavisse, espécie de historiador oficial da República dos radicais, inventou com todas as peças "o oferecimento de Colbert"; a passagem é famosa:

Neste momento único e fugidio (1661), Colbert aconselhou uma grande novidade, qual seja, que a França e o Rei se propusessem ganhar a prata como coisa essencial... Foi pois pela vontade de Colbert que a França se tornou uma manufatura e uma casa de comércio produtora da riqueza...

e a perjoração não acabou de impressionar:

Como a França e como o Rei acolheram a oferta de Colbert é a questão capital do reinado de LuísXIV.

Esta fabulação preparava, naturalmente, a resposta: o orgulhoso e belicoso monarca recusou a oferta do burguês genial e progressista. Os adversários, mesmo sutis, da concepção do velho historiador, seguiram-no sempre inconscientemente, mesmo contradizendo-o. O "mercador de tecidos de Reims", "o genial burguês" sempre obnubilou os espíritos, e colocou um véu espesso sobre a França do século XVII, que se reconstituiu através de seus escritos, enquanto que a marcha inversa é a única aceitável: primeiro estudar a nação, e ver até que ponto Jean-Baptiste a conheceu, compreendeu e modificou.

Este inconsciente defeito histórico foi levado ao mais alto ponto pelo excelente Boissonnade, que havia devotado uma espécie de culto a Colbert: antes de seu herói, não havia nada; depois dele, a França é "a primeira das primeiras potências industriais do mundo". Boissonnade tentou, em vão, misturar tudo, se contradisse de uma página à outra, acumulou contraverdades, falta de leituras, de julgamento, de escrita e de impressão, freqüentemente, permaneceu-se, pelo menos neste país, nas suas penosas infantilidades. Sem dúvida, um professor de Colúmbia, Charles Wolsey Cole, publicara já em 1939 um *Colbert* comedido e conscieencioso; ignora-se-lhe magnificamente.

....

Quase todas as idéias com as quais se lhe faziam honras eram banais há um século. Há mais de trinta anos que Hauser estudou "o colbertismo antes de Colbert", divertiu-se em ressaltar os grandes traços supostos em tal deliberação de Estados Gerais, da Assembléia dos Notáveis em 1614, em 1596, em 1588, em 1576, em 1538, até mesmo em 1485 e 1471. O mesmo Hauser, que lia os historiadores britânicos, demonstrou sem esforço que o essencial do colbertismo estava na política de W. Cecil, o ministro de Elizabeth. Hauser ainda ignorava a obra pioneira dos economistas espanhóis do século XVI, e não podia conhecer este brilhante artigo onde o historiador inglês Fisher mostra que todo nacionalismo econômico, todo protecionismo de Estado revela, primeiramente, o marasmo dos negócios; que o Estado não intervém quando os negócios caminham por si mesmos e, por corolário, que o "colbertismo" é o próprio sinal da contração econômica, da recessão e do declínio... As últimas páginas que Henri Hauser escreveu provaram a que ponto Colbert, nas suas fórmulas mais freqüentemente citadas, copia simplesmente as fórmulas de Richelieu, de quem ele manejou os papéis, e que cita incansavelmente ao Rei agastado: "Senhor, este grande cardeal..." E Hauser prossegue: o que Colbert acrescenta a Richelieu é pura tolice, como este dogma pessoal da fixação e da quantidade de prata que circula na Europa, da constância da "quantidade do comércio", e do número dos navios que o asseguram. Richelieu, ao contrário, acreditava na expansão, até mesmo no crescimento econômico: "a distância de um perfeito comerciante a um homem de Estado".

No fim de contas — Cole escrevia já em 1939 —, a originalidade de Colbert é sua obstinação e sua energia. Está a serviço do Rei de corpo e alma e toda a sua família com ele. Além de algumas idéias sobre a política econômica, ele tem a mais ampla concepção da glória do Rei — portanto, do reino, pois que o reino é o Rei.

(P. GOUBERT. *Louis XIV et vingt millions de français*. Paris, Fayard, 1966. pp. 85-87.)

BIBLIOGRAFIA

A bibliografia de tal tema seria imensa. Limitar-nos-emos a dar algumas orientações e algumas obras fundamentais.

A. Obras gerais e história das teorias econômicas

BIELER, J. *La pensée économique de Calvin*. Genebra, 1961.
BUCK, P. W. *The politics of mercantilism*. New York, 1942.
COLE, C. W. *French mercantilist doctrines before Colbert*. New York, 1931.
COLEMAN, D. C. Heckscher and the idea of mercantilism. *Scandinavian Economic History Review*, 1957.
DENIS, H. *Histoire de la pensée économique*. Paris, 1967.
GONNARD, R. *Histoire des doctrines économiques*. Paris, 1941.
GRICE-HUTCHINSON, M. *The School of Salamanca*, 1952.
HARSIN, P. *Les doctrines monétaires et financières en France du XVIe au XVIIIe siècle*. Paris, 1928.
HECKSCHER, E. F. *Mercantilism*. Trad. inglesa. Londres, 1955.
HOBSBAWM, E. J. The crisis of the 17th. century. *Past and Present*, nº 5 e 6, 1954.
HINTON, R. W. K. The mercantile System in the time of the Mun. *Economic History Review*, 1955.
JOHNSON, E. A. *Predecessors of A. Smith*. New York, 1937.
JUDGES, A. V. The idea of the mercantile state. *In: Trans. Royal Hist. Society*, 1939.
KELLENBENZ, H. Probleme der Merkantilismus-forschung. *Congrès international des sciences historiques*. Viena, 1965.
LETWIN, W. *The origins of scientific economics*, 1963.
LIST, E. *Système national d'économie politique*. Trad. francesa. Paris, 1857.
LÜTHY, H. *Le passé présent, combats d'idées*. Col. Preuves, 1965.
MARCHAL, A. *La conception de l'économie nationale et des rapports internationaux chez les mercantilistes français*. Paris, 1931.

Marx, K. *Le Capital*. Paris, 1956.
Marx, K. *Fondements de la critique de l'économie politique*. Paris, 1967.
Morini Comby, J. *Mercantilisme et protectionnisme*. Paris, 1930.
Piettre, A. *Monnaie et Économie internationale*. Paris, 1967.
Rothkrug, L. *Opposition to Louis XIV, political and social origins of the french enlightenment*. Princeton, 1965.
Schmoller, G. *The mercantile system and its historical significance*. New York, 1931.
Schumpeter, J. A. *History of economic Analysis*. New York, 1960.
Silberner, Ed. *La guerre dans la pensée économique du XVIe au XVIIIe siècle*. Paris, 1939.
Sommer, L. Mercantilisme et théorie de la valeur. *Revue d'histoire économique et sociale*, 1927.
Tawney, R. H. *La religion et l'essor du capitalisme*. Trad. franc., Paris, 1951. Tradução brasileira pela Editora Perspectiva, Col. Debates.
Trevor Roper's general crisis, Symposium. *Past and present*, nov. 1960.
Troeltsch, E. *Die sozialen Lehren der christlichen Kirchen und Gruppen*. Tübingen, 1962.
Vilar, P. Les primitifs espagnols de la pensée économique. *Mélanges Bataillon*. Bordeaux, 1962.
Viner, J. *Studies in the theory of international Trade*. New York, 1937.
Viner, J. Mercantilist thought. *In: Intern. encyclop. of social sciences*. New York, 1968.
Weber, M. *L'éthique protestante et l'esprit du capitalisme*. Trad. franc., 1964.
Wilson, Ch. Mercantilism, some vicissitudes of an idea. *Economic History Review*, 1957.
Wilson, Ch. The other face of mercantilism. *Transactions of the Royal Hist. Society*, 1959.

B. História Econômica

Baasch, E. *Holländische Wirtschaftsgeschichte*. Iena, 1927.
Blanc, S. A propos de la politique économique de Pierre le Grand. *Cahiers du monde russe et soviétique*, jan.-março 1962, pp. 122-139.
Boissonnade, P. *Le socialisme d'État, Industrie et les classes industrielles en France pendant les 2 premiers siècles de l'ère moderne, 1453-1661*. Paris, 1927.
Boissonnade, P. *Colbert*. Paris, 1932.
Braudel, F. *Civilisation matérielle et capitalisme*, Paris, 1967.
Chaunu, P. *Séville et l'Atlantique*. Paris, 1955 a 1959, tomos I a VIII.
Clark, G. N. *The duteh alliance and the war against french trade*. Manchester, 1923.
Clark, G. N. War trade and trade war. *Economic History Review*, vol. I, nº 2.

CLÉMENT, P. *Lettres, instructions et mémoires de Colbert.* Paris, 1861-1882. 7 vol.

COLE, W. C. *Colbert and a century of french mercantilism.* Hamden, 1964.

COLE, C. W. *French mercantilism, 1683-1700,* New York, 1965.

DAUMAS, M. *Histoire générale des techniques, 1540-1730.* Paris, 1965.

FANFANI, A. *Storia del lavoro in Itália.* Milão, 1943.

GANDILHON, R. *La politique économique de Louis XI.* Paris 1940.

GILLE, B. *Histoire économique et sociale de la Russie.* Paris, 1949.

HAMILTON, E. J. *American treasures and the price revolution in Spain.* Cambridge, 1934.

HAMILTON, E. J. *War and prices in Spain, 1651-1800.* Cambridge, Mass., 1947.

HARSIN, P. *Crédit public et banque d' État en France du XVIe au XVIIIe.* Paris. 1933.

HEATON, H. *Histoire économique de l'Europe.* Trad. franc. Paris, 1950.

HECKSCHER, E. F. *Economic History of Sweden.* Cambridge, Mass., 1963.

HEERS, J. *L'Occident aux XIVe et XVe siècles, aspects économiques et sociaux.* Paris, 1963.

JEANNIN, P. *Les marchands au XVIe.* Paris, 1957.

LACOUR-GAYET, J., GANU, J. e GIGNOUX, J. *Histoire du commerce, l'époque mercantiliste.* Paris, 1950.

LARRAZ, J. *La época del mercantilismo en Castilla.* Madri, 1943.

LIPSON, E. "Economic History of England." *In: The age of mercantilism.* Londres, 1956.

LÜTGE, F. *Deutsche soziale und wirtschaftsgeschichte,* 1960.

LUZZATO, G. *Storia economica dell'Età moderna.* Pádua, 1950.

MARTIN, G. *Histoire économique et financière de la France.* Paris, 1927.

MAURO, F. *Le XVIe siècle européen.* Paris, 1966.

POSTHUMUS, N. W. *Inquiry into the history of prices in Holland.* Leyden, 1946. 2 vol.

ROOVER (de). R. *L'évolution de la lettre de change du XVe au XVIIIe.* Paris, 1953.

ROOVER (de), R. *Gresham on foreign exchange: an essay on early english mercantilism,* 1949.

SÉE, H. *La France économique et sociale au XVIIIe siècle.* Paris, 1925.

SÉE, H. *Histoire économique de la France.* Paris, 1948.

SUPPLE, B. E. Currency and Commerce in the early 17th. century. *Economic History Review,* 1957.

TAWNEY, R. H. *Tudor economic documents.* Londres, 1924.

VICENS VIVES. *Manual de historia económica de España.* Barcelona, 1959.

WILSON, Ch. Treasure and trade balance, the mercantile problem. *Economic History Review,* 1949 e 1951.

WILSON, Ch. e RICH, E. E. *Cambridge Economic History of Europe,* tomo IV, 1967.

Coleção Khronos

1. *O Mercantilismo*, Pierre Deyon
2. *Florença na Época dos Medici*, Alberto Tenenti
3. *O Anti-Semitismo Alemão*, Pierre Sorlin
4. *Os Mecanismos da Conquista Colonial*, Ruggiero Romano
5. *A Revolução Russa de 1917*, Marc Ferro
6. *A Partilha da África Negra*, Henri Brunschwig
7. *As Origens do Fascismo*, Robert Paris
8. *A Revolução Francesa*, Alice Gérard
9. *Heresias Medievais*, Nachman Falbel
10. *Armamentos Nucleares e Guerra Fria*, Claude Delmas
11. *A Descoberta da América*, Marianne Mahn-Lot
12. *As Revoluções do México*, Américo Nunes
13. *O Comércio Ultramarino Espanhol no Prata*, Emanuel Soares da Veiga Garcia
14. *Rosa Luxemburgo e a Espontaneidade Revolucionária*, Daniel Guérin
15. *Teatro e Sociedade: Shakespeare*, Guy Boquet
16. *O Trotskismo*, Jean-Jacques Marie
17. *A Revolução Espanhola 1931-1939*, Pierre Broué
18. *Weimar*, Claude Klein
19. *O Pingo de Azeite: A Instauração da Ditadura*, Paula Beiguelman
20. *As Invasões Normandas: Uma Catástrofe?*, Albert D'Haenens
21. *O Veneno da Serpente*, Maria Luiza Tucci Carneiro
22. *O Brasil Filosófico*, Ricardo Timm de Souza
23. *Schoá: Sepultos nas Nuvens*, Gérard Rabinovitch
24. *Leni Riefenstahl: Cinema e Nazismo*, Luiz Nazário
25. *Dom Sebastião no Brasil*, Marcio Honorio de Godoy
26. *Espaço (Meta)Vernacular na Cidade Contemporânea*, Marisa Barda
27. *Os Druidas*, Filippo Lourenço Olivieri

Este livro foi impresso em São Bernardo do Campo,
nas oficinas da Paym Gráfica e Editora, em março de 2015,
para a Editora Perspectiva.